当代旅游研究译丛

旅游与跨文化交际

——旅游何以如此重要

Gavin Jack and Alison Phipps

〔英〕加文·杰克
〔英〕艾利森·菲普斯　　著

王琳　匡晓文　译

Tourism and Intercultural Exchange:
Why Tourism Matters

商务印书馆
The Commercial Press

献　　给

加文的祖父母以及艾利森的父母

致以诚挚的爱

题　词

　　此刻，我想先请您看看书箱打开后的一片凌乱，空气中飞扬着木屑，地板上撒满撕碎的包装纸，我们一起置身于这成堆的卷帙中，它们已在黑暗中深藏了两年，如今方见天日。(译者注：此段原文为德文，译者匿名。)

　　——瓦尔特·本雅明《开箱整理我的藏书》(1973：169)

　　故事……是有生命的，当故事在你心中占有一席之地时，它就有了真正的生命。……故事具有破坏性，因为它们总是来自对立面，而我们又不能同时占据两方面。如果我们站在这一面，故事就会支持那一面。……它们的民主精神让人惊恐，它们的彻底背叛令人悲伤。

　　——本·奥克瑞《一种自由的方式》(1997：44)

致　谢

　　我们首先要感谢斯特林大学管理学院的支持，其资助了作为本书基础的大部分田野调查。同样要感谢的还有赞助了录音设备的格拉斯哥大学。人文学科研究委员会（AHRB）、格拉斯哥大学（艾利森）以及莱斯特大学管理中心（加文）则为本书的写作时间提供了重要保障。

　　我们永远感激斯凯岛的旅游者和当地居民，是你们让我们的田野调查充满了惊喜。你们中有些人可能会知道自己是谁，有些人则永远都不会知道。我们希望你们能喜欢书中讲述的故事，并因为在里面发现了自己而感到高兴。

　　感谢 MLM 和 Channel View Publishing 的优秀团队——特别是麦克·格罗佛、马祖卡·格罗佛、萨米·格罗佛和莎拉·威廉姆斯，感谢你们不断的支持、激励和耐心，和你们一起工作无比愉快。

　　我们还要特别感谢我们的编辑麦克·鲁宾逊。我们的工作在很大程度上得益于他的善良和令人称赞的才智，以及他那可以给出尖锐而有价值的评判的能力。

　　维勒莉·福尼尔读完了全部的初稿，我们非常感谢她的慷慨，她对我们的思维开发贡献巨大。

　　我们很幸运能够在卡迪夫大学的语言与传播研究中心发布本书的早期版本。我们要感谢克里斯宾·瑟娄和亚当·贾沃斯基的盛情邀请和款待。我们也要感谢罗恩·巴内特、菲尔那·安德森－高夫和卡伦·戴尔对我们的作品所做的校对工作。沙伦·麦克唐纳在本书的前期写作阶段提供了宝贵的建议。

除了学术伙伴，我们的生活伴侣伊恩·科恩斯和罗伯特·斯文芬也对我们的项目表现出了极大的耐心、坚定的信念甚至特别的热情。

这本书也献给最早给它以灵感的人们。谢谢你们：奶奶和爷爷，谢谢你们在高地对我们的招待；谢谢爸爸妈妈带来的好主意。最后，感谢菲利克斯（一只北极海鹦），它是最棒的旅游者。

书里所有的遗漏和错误由我们负责。

目　录

第一部分　体验游客生活

第二部分　打包旅行包

第三部分　打开旅行包

第四部分　旅游之后

第一部分

体验游客生活

第一章　旅游何以如此重要

一、旅游确实重要

旅游不可忽视。说它不可忽视不是因为那些把旅游说得一无是处的反乌托邦的声音——在他们看来，旅游仿佛就是在我们这个星球上肆虐的瘟疫；也不是因为那些想借助旅游来拯救经济的妄想——那只不过是一群手握资本和／或国家大权蜂拥而至的官员们的一厢情愿。说旅游不可忽视，是因为它使我们得以关注并且乐意花时间去思考我们日常生活中的各种关系；它使我们得以与他人进行生活上的交际，并因此让我们明白了生活中还有着非常难能可贵的一面——去探究和了解与自己各不相同的人群原来竟是一件如此奇妙又复杂的事。旅游不可忽视的重要性还在于，不管人类世界的关系多么错综复杂，我们的生命与外界的关系始终是不可忽视的。

二、交际与原真性

人们在谈论旅游时常常会夸大其辞。例如在迪恩·马康纳（Dean MacCannell，1976）的《旅游者》（*Tourist*）中，我们看到的是一个对旅游的宏大叙事，即旅游的首要目的就是脱开现代化的工作条件去寻找原真性（authenticity）。游客们扮演着"被异化的现代人"，去追求原真的（authentic）、真实的（real）、全面的（whole）社会关系——一个作为资本主义生产关系下的劳动者而被拒斥的社会关系。

不难看出，马康纳这部早期作品被认为是一部分化的现代人的故事（Meethan，2001）。它描述了一幅图画。在这幅图画里，劳动者在工业资本主义的车间里辛苦地劳作着，然后再通过不同的休闲方式来寻求解脱，例如，20世纪30年代到40年代的滨海度假胜地、50年代的假日野营地、60年代到70年代的地中海打包度假，或许还包括在旅行形式多样化的今天为短期休假而设立的廉价航空或是个性化定制的探险度假等。不管这种逃避，或者是所谓的"工作—休闲"二分制相比前现代观念中将"工作—休憩"作为辩证的矛盾体来说其本身是否可算作一个现代观念，但起码它在很大程度上确实塑造了旅游者主体在现代性中的故事角色。

除了"工作—休闲"的二分制，还有两个要素对本故事也至关重要。一个是资本主义交换关系的概念及其生产（劳动过程）和消费之间的构成关系；第二个是"他者"（Other）的喻义和它的原真性的社会关系。这两个要素都表明，旅游探求的是资本主义交换关系下的政治经济因素所派生的"他者"，以及它对工作与休闲、公共与私人领域所做的划分。

但是，正如马康纳的早期作品所表现出来的那样，这两个要素本身就是有问题的。事实上，对这部针对旅游的早期作品所做的批判现在还在进行着。沿着新马克思主义路线，马康纳对旅游者所持有的隐式还原的、抽象的和决定论的观点总是很容易地被随后的社会学和人类学从根本上推翻——尤其是当这些社会学和人类学受后结构主义和后现代社会及文化理论的启发而转向有关语言、文化和表征的问题时。游客在这里作为劳动过程中被动的受骗者在概念上看起来就是有问题的。

旅游文献里还有一个重要的概念是所谓的原真性。艾德瑟（Edensor，1998）借用格拉本（Graburn）和布鲁纳（Bruner）的观点指出，马康纳的分析阐述的是原真性问题，但在分析过程中他将原真性与其概念产生的来源，包括社会、文化和历史背景等割裂开了。艾德瑟认为，我们可以通过对原真性的动态和自然特性的认识而非基础的或普遍性范畴的分析来获得更好的结论，这些原真性应该与其主体的地位以及历史和地理环境相协调。例如，当土著人制作手工艺品是为供应旅游市场而不是自身的需求时，就可能会使我们重新思考对原真性的认识。

仅以这样的主体地位来审视原真性是有问题的，因为它将原真性与他异性（alterity）混为一谈了。换句话说，它假定——例如在上面的例子中——他异性，即他者，可以被简单地分为现代或非现代。然而，正如我们的例子所显示的，这里的"现代"企业家恰恰是被"现代"旅游者作为原真的或者是本土的东西而进行消费的。

马康纳有关原真性以及与此相关的劳动主体命运的狭隘观点，源自他所展示的现代性宏大叙事的结构，也是西方工业资本主义发展经验中最特殊的部分。在叙事结构方面，马康纳的分析是有可能的，因为他运用的是二元论的思维模式，坚持二分制。这样的思考结果往往会导致对包括旅游在内的社会现象的归类，成为非此即彼的分类方式，例如旅游是不好的、不道德的和侵占性的，而不是好的、讲求伦理的和有助于解放的等。如果明白了马康纳的著作和二元分析模式还是在一定程度上反映出对旅游的基础研究的话，看到下文表 1.1 中对旅游文献所汇集的热门主题的分类就不足为奇了。例如，讨论旅游伦理的期刊论文通常先假定"善"为其内在已有特性而不是从文化的维度给予审视，从而便预先设定了旅游伦理的话语。

这个远远谈不上详尽的清单代表了对旅游认识的主题，左边一栏里是现代社会经济学研究所得出的不受欢迎的结论，旅游是一个体现生产者和消费者之间商品化关系的产品，一种在环境和伦理上被模糊设置的社会关系，一个新兴的全球现象，一个被动的现代受骗者疏远的经历，一个文化的破坏者，等等。如果这些都是真的，那么旅游只能永远是罪恶的。反之，如果右边一栏的主题都是真的，那么这张图片就突然变成了反式的乌托邦（converse utopian）。这些框架和假设驱动着某些分析和质疑的思路，产生了关于旅游的那些"好"和"坏"的经典故事。然而，要想打破这种思维模式，像列维－施特劳斯（Lévi-Strauss）教导我们的那样，从本质上去认识西方思想和文化的逻辑，也并非易事。

表 1.1　旅游文献中对旅游研究的主题分类

旅游要么是	要么是
商业泡沫	经济救星
商业化的	可持续的
不可持续的	道德的
殖民性的	生态的
破坏性的	修复性的
均质化的	成长的
虚假的	教育的
帝国主义的	可联通的
不道德的	能动的
分裂的	一体的
非生态的	跨文化的乐园
贪婪的	
割裂的	
离间的	
制造愚昧的	

　　这些列表基本上构成了关于旅游的研究文献中被批判的主题，就像我们一直批判马康纳的研究一样，尽管我们的主要意图是修辞学意义上的，让本书能在旅游研究领域起到抛砖引玉的作用。当然很多不同的研究和方法也批判和提供了呈现在表 1.1 里的关于旅游的新概念。我们将在第二章更加详细地讨论这些概念。

　　旅游的后现代主义分析一直在猛烈地批判将商品交换关系和对原真性的探索紧密联系在一起的旅游模式。它们演示旅游主题的娱乐性，抵制全球资本主义架构，对旅游目的地知名景点和有关旅游的不同阶段的读物冷嘲热讽（Kirschenblatt-Gimblett，1998）。同样，最近的几篇文献也深刻反思了定量方法对旅游研究的束缚，并呼吁在理论上更为精细的研究方法（Frankin & Grang，2001；Koshar，2000；Meethan，2001）。

　　尽管这些概念仍让人质疑，但是最具时间和空间特性的有关现代化分化的故事已经创造了一个折射出许多社会分析的透镜。如果要说后现代主义的发展给我们带来了什么，那就是提出了另一个宏大叙事，并且还扮作旅游领域的新社会学理论。这也是可质疑的，因为它本身也变成了一个宏大叙事。

在本书中，我们自己不仅在旅游研究中呼吁更多理论驱动的方法，并且质疑那些由于固有的现代化分化而导致的对一些重要假设和旅游故事的研究（Meethan，2001）。关于后者，我们遵循科沙（Koshar，2000）的观点，他提出旅游研究不需要宏大叙事反而能在这些概念的发展和基础上更好地进行。正如福柯（Foucault，1978）提醒的那样，话语技巧有有形渲染和无形渲染的双重效果。因此，我们通过特定的视角框架看到的可能只是部分事物，比如表 1.1 中的那些概念。然而，这又是一个必然的结果。我们必须用新的眼光来看这些老故事，正如鲍曼（Bauman，1998：5）提醒过我们：

> 提不出具体的问题比回答不出已知的问题更加危险，但是提出错误的问题常常会帮助发现真正的问题所在。沉默的代价是以人类自身痛苦来偿付的。

假如回到之前的表格，如果我们把旅游定位成既不是邪恶的，也不是跨文化的、道德的或经济涅槃（economic nirvana）的，那么情形将会怎样？如果我们对旅游研究中大多数的分析框架有疑虑的话，又会发生什么？如果我们一直提出不同的问题，旅游又将会变成什么样？如果我们尝试批判性地同意或反对那些普遍的问题呢？如果出现以下问题，那么又可能会发生什么？

- 如果我们不把旅游看作一系列社会关系的具体化，而是日常生活中社会和物质发展的过程与实践结果呢？
- 如果我们把旅游看作不仅仅追寻"他者"的异国情调，也是一种跨越了工作与休闲并影响着日常生活规律的平凡活动呢？
- 如果我们是通过游客不同的体验来观察他们的生活，而不是将其看作微观或宏观结构的产品呢？
- 如果我们认为传统对我们从事旅游业产生了影响呢？
- 如果我们所审视的情感、想象力还有那纯粹的嗡嗡声均来自旅游并创造旅游呢？

● 如果我们认为叙事反而使得旅游更具活力呢？

总之，旅游被看作与世界相互作用的一个部分（而不是去探索比如说什么原真性），不然怎么可能超越他人早就论述过的微观—宏观二元结构以及晚期资本主义时代经济和文化的行为关系呢？

三、关于本书

本书致力于解决这些相关的问题。我们希望通过它去延续前人传下来的旅游研究的传统和对旅游的解读。我们努力去弄明白在日常的旅游生活中物质和情感是如何相互交融的。重要的是，本书通过对在旅游研究中被忽视的一个领域所做的探索的总结来回答上述问题，这个领域就是跨文化交际——通过物质文化和语言进行构建和传递的一种方式。

事实上，旅游作为建立在语言之间的一种跨文化活动这一视角，在旅游研究中一直被忽视，直到最近才开始被重视。这其实是很糟糕的，因为把跨文化交际作为旅游研究的一种形式对于旅游的相关概念有着举足轻重的作用。我们再次强调，旅游是与世界相互作用的一个部分，而不是原真性的一部分。我们认为，原真性在旅游研究中已经成为一个死胡同。

"跨文化交际"（intercultural communication）这一术语通常包含不同文化背景的成员之间互动的概念，它可以被不同国家的人们所理解。在本书中，我们就是在这个意义上使用这个术语，但又给这个重要的定义添加了一定的细则。因为跨文化交际是一种参与式的活动，我们把它看作不同种族、民族、国籍、语言、阶级、年龄、性别的文化成员之间的对话和物质交流。

我们既不赞同乌托邦也不支持反乌托邦的跨文化交际观。跨文化交际可以有从极端的冲突到和平的相处的多种形式。它既可以发生在国际政治中，又可以发生在一个青年旅社的厨房里相遇的两个游客身上。跨文化交际文献中充满了试图去规范正面与负面的跨文化互动和如何改善相遇场景的例子。这种文献有它迷人之处，但不是我们这里关注的重点。我们是从大现象来看跨文化交际的，也就是说，我们认为跨文化现象就是人们在旅游的状态中把他们自己展现在我们面前。

旅游为跨文化交际以及不同的社会群体之间潜在的融合提供了一个高度集中和重要的机会。在这个融合过程中，我们发现由权力关系导致非常微妙的关系变化，如阻力、支配以及人们见面交流时的细微变化。本书在把旅游看作一种跨文化交际的形式的基础上，从更宽广的角度回答了以下几个问题：

● 促进或阻碍游客跨文化交际的要素是什么？

● "交换"（exchange）的概念和它的特别结构在什么程度上才会被视为理解旅游跨文化交际的关键因素？

● 物质生活、旅游和交换的关系是什么？

● 物质生活和通过故事传播产生的旅游情感体验，二者如何关系？其关系有多重要？

● 我们能从旅游中学到哪些非旅游（nontourism）？

为了回答这些问题，我们提供了对斯凯岛（Isle of Skye）——位于苏格兰西北海岸的一个小岛的旅游人种志的（ethnographic）研究报告。作为苏格兰高地和岛屿的一部分，斯凯岛是海外游客在苏格兰旅游的首选目的地之一。它每年都吸引着来自几个主要国家旅游团队的大量游客，其中主要是美国人、德国人、法国人、意大利人、荷兰人和加拿大人。因此，该岛为跨文化交际创造了大量潜在机会。同时值得一提的是，斯凯岛已经是其他几个人种志和地理学的研究基地，研究领域包括岛上生活的各个方面（Brougham & Butler，1975；Macdonald，1997）。

我们并不打算长期研究什么人种志，不同于以往仅仅是在旅游旺季去收集岛上的数据，我们决定扮演"真实的"游客在"真实的"旅游旺季去体验。换句话说，我们计划了一个假期，像普通游客一样花同样的时间在岛上游玩。我们在岛上的不同地方订了不同类型的酒店，让自己被那些延展性的互动活动引领到指定的旅游景点和游客中心去。第一部分的第三章详细地介绍了关于方法和方法论的问题。这里我们只强调人种志方法的一两个关键细节。

首先，作为"人种志研究者"，我们的实践就是研究，这也是积极参与以交流为基础这一过程中的一部分。在研究中，我们既是参与者，同时也是观察者，所以我们既可以被称为旅游人种志研究者，又可以被称为人种志研究者游客。人种志研究者和游客的物质生活之间的相似之处完全可以帮助我们理解旅游作为物质的、表征的以及人种志实践的方方面面。

其次，人种志研究是共同进行的，在很多方面，它很可能被描述为一种共同游记的形式。我们表面上与其他人作为伴侣一起旅行，参观相同的景点，住相同的酒店。我们记录着不同的人种志日志，收集着不同的手工制品和文献。然而，一起工作给我们提供了一个机会，可以让我们讨论和述说那些我们观察和参与的事件。我们会把大部分这样的对话录下来，因为这些都是我们工作中非常重要的资源。

这种方法首先是对话性的。这种对话性的本质既是交流和旅游基本结构的一部分，也是我们的工作方法的基础，我们可以称之为"人种志交流"。旅游是一个共同的社会活动，我们试图把它反映在我们共同的人种志研究中。希望这本书能够通过表现经历的各式文体来反映这种对话性。

四、旅行包

本书从结构和主题上将旅游类比成旅行包及其装包、开包与再装包。旅行包虽然是作为隐喻来帮助我们讨论旅游，但它也是一个物质实体，我们因此将其类比成实物和文化的"旅行包"。而对实物和那些类比的审视则是看它们是否产生了使用其他语言或跨文化交际的言语行为。

这种"旅行包"被纳入旅游研究后，则变成了分析研究的重点。我们在旅游中讨论旅行包的重要性，它被看作身份形成的过程以及日常生活中人、地方、故事和事物相互作用的过程。这就让我们又回到了之前关于特定的旅游环境是如何促进或阻碍跨文化交际的问题。这本书的三个主要部分分别解释了与旅行包有关的不同方面，也就是本书中提到的旅行包的装包、开包与再装包。

在区分这些概念的时候，我们结合了人种志和不同作者的部分理论观点来帮助理清思路。我们分析和扩展了"交际"这个核心概念。在对话中，在经济活动中，在叙事中，在表现中，在物质生活中，在语言、翻译和跨文化交际中，都可以看到它的特殊结构。

五、故事

本研究涉及的是旅游跨文化交际层面的基础概念，不像旅游社会学那样更注重符号学分析。本研究涉足的是复杂的叙事交流，这些交流处在一个网络中，它包括不同的意指性的实践和空间语境、重大突发事件以及社会和文化形态等。在处理跨文化交际问题时，我们从不同的学科领域广泛涉及了各种概念。

我们不打算去讲那些有什么先验文化或经济骗子的旅游者的故事，我们要讨论的是替代性的做法，即通过问题研究来关注如何通过跨文化交际以促进人际接触和跨文化接触的问题。本研究也没有打算在"主人"和"客人"、"游客"和"旅行者"等概念之间建立清晰的界限。当然，重申一次，这样的二分法，在历史的和现代的理论以及其自身的产生中都占有一席之地。在我们目前这种超复数（Barnett，2000）、超现代（Augé，1995），甚至"流体"（liquid）（Bauman，2000）的条件下，他人的故事也许会以不同的甚至是崭新的形式出现。故事随人而动，它们在物质生活中随处可见并通过变动而引起形式上的变化，而根据威廉斯（Williams，1977）的观点，形式总是有一个活跃的物质基础。

故事和叙事也因此是贯穿本书的主题。我们发现，叙事通过日常物质生活的实践和对象才得以实现。我们认为，物质生活及其实践与旅游环境中的叙事有着千丝万缕的联系。

六、苏格兰的跨文化交际旅游

在审视苏格兰旅游时，我们打破了旅游人类学及旅游更基础层面研究的一贯做法，即将重心紧紧地放在沿着南北轴线进行的旅游活动上。相反，我们审视了西部地区的旅游。我们没有去追寻那些旅游的目标和方向。换句话说，我们尝试对旅游人类学研究的主流逆向而行。

人类学家进入旅游研究主要是出于留念和挽救的活动动机。他们从描述和反思其所研究的文化与社会变迁的产生过程开始循序记录这些变化，并且带着某种政治立场跟踪着那些变迁的"受害者"。抢救人种志（ethnography）的想法本身来自某些假设，即好和坏的文化过程或者好和坏的文化，并且坚信要抢救的也都毫无疑问是好的。因此，旅游人类学给正在摆脱其他文化的怀旧情绪中挣扎的旅游研究带来了一个独特的视角。它也努力审视那些致力于捍卫其他民族权力的细微差别。事实上，正如巴特莱特（Bartlett，2001）指出的，那些致力于文化挽救的行为很有可能并不被那些被挽救的文化的人群所欢迎。

我们把注意力转向苏格兰，我们希望考察一下各种各样的跨文化现象，它们可以使我们管窥苏格兰旅游全貌。我们希望能够找到一个新的路径来取代已经很成熟的南—北路径，并且还要与国内的应用人类学、自我人类学（auto-anthropology）以及人类学的最新研究趋势保持一致。

选择苏格兰作为我们的研究重点使我们能够确定以下几个定位。它使我们能够以本土游客和"苏格兰"主人的身份来参与观察。它使我们能够自由游走于其他欧洲语言的同时，不会离开占主导地位的英语母语环境。它使我们能够从自身看到他人，特别是来自高地和岛屿的讲盖尔语的少数民族。它使我们可以兼而有之。

此外，关注苏格兰也使我们与其他文化、其他社会团体以及为抢救人种志建立了基础的那些人都建立了不同的联系。它改变了跨文化权力关系的性质和平衡，使得我们去面对我们自身文化和其他文化的商品化问题。总之，它使我们以多种方式从多个角度进行跨文化交际。

在苏格兰，就像其他地方一样，旅游的历史就是精英阶层的旅行史。我们在这里发现了各种形式的旅游活动，从海滨胜地到遗产古迹，以及偏远地区。在苏格兰既可包团旅游，也可独立旅行。苏格兰旅游接纳各种各样的人，因此我们毫无疑问可以基于在苏格兰旅游的研究对旅游进行概述。

不过，苏格兰的旅游业也同样有其市场特征，其中一些可能与其他目的地相似，但还有一些则是其独有。而这部分是具有象征意义的，即有些东西只能代表苏格兰旅游而不能代表别的地方，并且这些还可通过文化和跨文化活动进行交际。例如苏格兰酥饼、格子呢、风笛、哈吉斯、湖泊和峡谷的独特景观以及电影《王子查理》（*Bonnie Prince Charlie*）等。

象征意义的交际并不是对所有人都同样适用。那些把苏格兰作为旅游目的地的游客是冲着能够代表苏格兰的某些文化片段来的。在我们自己的研究中我们遇到了意大利人、荷兰人、丹麦人、西班牙人、法国人，此外还有其他的欧洲人、加拿大人、澳大利亚人和美国人，但这种象征意义的吸引力最突出地表现在德国人和英国人身上，这在年度统计数据中也得到了证实。对此，我们还应该补充一点，这些德国和英国文化群体中的游客有着广泛的共享社会阶层。这些人中有学生和住青年旅社的年轻家庭，也有年龄较长的，虽然他们的经济能力差异很大，但是所有人都拥有很好的教育背景。

这很值得探讨，但也要小心。同英戈尔德（Ingold，1993）、基辛（Keesing，1994）和伊格尔顿（Eagleton，2000）一样，我们对持续过度使用"文化"这个术语或是把所谓的文化行为或民俗习惯简单地以跨文化模式来定义的做法是持怀疑态度的。"文化理念"（the idea of culture）作为一个概念，确实已因为过强过度地使用而成为问题分析语境里的一个"问题"术语了。正如英戈尔德（Ingold，1993：230）指出的：

> "文化"一直随着知识潮流而前行，留下的是一缕被遗弃的痕迹，与一堆旧衣服毫无二致。

然而，"文化"这个术语，从转喻的意义上讲，可以说是一个民族和国家常见且有用的速记本。民族国家的起源和建构的本质一直是吸引大量辩论和解构的焦点，我们因此也对那些一直在为解读纷乱复杂的人际关系以及身份的认同、差异、建构与规划而做的努力表示赞赏（Anderson，1991；Hall & du Gay，1996）。

有大量的研究——特别是在定量研究的社会科学里——一直在凝练并基于先验常识的基础上提出问题（Bauman，2002）。然而，同样有问题的是反方向的、直到没有任何有意义的话可讲的拆解方式。对此英戈尔德（Ingold，1993：217）再次指出：

> 签订避免种族中心主义的项目因此都会毫不含糊地做出凌驾于普通人类模式之上的断言，并引人注目地用西方谚语做到了这一点，傲慢地自称为"文化人"或"线人"。而这正是"西"式的侵占他人的人类学表现的典型特征。

民族国家确实只是想象的共同体。人种志研究者可能确实从他们的差不多算是个"小说背包"的文化领域里得到了"回报"（Reed，1993）。然而，我们认为正是这些想象和小说为我们提供了链接到物质生活的那些日常体验。

我们再次回到英戈尔德（Ingold，1993，1994，2000）的观点，我们更关注的不是文化建构的过程，我们关注的是这个世界从某个深层的角度来看是什么样子的。这种观点使我们不至于给那些我们遇到的讲德语、意大利语或美式英语的人预先设定出德国型、意大利型或是美国型，或者是先入为主地认为其是典型的德式、意式或美式主体。正相反，它使我们能够从他们所生活的物质和话语的相互关系中去理解他们，这是在政治、经济、地理和语言的空间里最常见的关系（虽然不是唯一的），我们在这个空间里通过媒体、学校和家庭不断受到教化而认同自己属于这些文化。

要讲述清楚这些特殊的文化群体——尤其是德国人和英国人——为什么会有如此大量的游客来苏格兰可能有点复杂。我们也不想在这里假定什么决定论，将实例和行为隔离出来，也就是说我们只通过这些实例就将所有人类生活的主体归纳到某些状况里。考虑到实证主义研究范式所占的主导地位，解释学常常具有一定的危害性，因为它在暗示一种观点，即"如果生活在这里的人这么做的话，那么所有生活在类似的状况里的人都会做类似的事情"。我们敏感地意识到这项研究的危险性，即我们将被认为会去说"所有的德国人都爱苏格兰",并且他们这样做是"因为《勇敢的心》(*Braveheart*)和《麦克白》(*Macbeth*)这两部电影"或"所有的美国人都是来打高尔夫球并寻找他们的祖先"。这可不是我们想要的。

让我们暂且来谈一下德国人对苏格兰的旅游实例。并非所有的德国人都喜欢苏格兰,并不是所有的德国人都想去苏格兰度假,并不是所有的德国人都对苏格兰问题感兴趣,并不是所有的德国人都看过《勇敢的心》或《麦克白》。在我们看来,为简单起见,德国的文化中有很多对南方的向往(在德国的语境中可以理解为地中海周边温暖的气候),也同样有对北方的浪漫神话的向往,而苏格兰正是其中的一部分。这个神话出现在托马斯·曼(Thomas Mann)的作品的叙事和结构中,在魏玛古典主义中也得到证实。然而,它也向往阳光明媚的地方,这点在德国和其他西方文化中都有着同样的吸引力。

这一点也许有点微妙,但它对于开启我们关于叙事运用和叙事实践的触发点的争论是非常重要的。我们认为,物质生活为跨文化交际,为叙事、记忆、阅读、传感、解读和交流的情感工作提供了源源不断的机会。以苏格兰旅游业的跨文化现象作为我们的出发点则意味着——并且还是非常必要的——我们不得不与民族文化相抗衡,而且还不得否认他们文化的特异性和独特性,并且要发现其基本模型。事实上,文化的碎片往往在某些时候群集在某些地方,既可能持续很长时间——甚至是以地质时间计算——也可能只是极其短暂的瞬间(无论数量的稀少或是丰足),这个事实对游客来说是非常重要的,因为它提供了潜在的他异性标记。

当我们来检查我们的象征性旅行包的内容的时候,我们没有刻意去寻找所谓的典型的德国、意大利或美国主体。我们关注的是,生活在某个特定的时间、地点和社会空间的人带着他们对自己和他人的感知来苏格兰旅行,他们有着在统计学上占有重大意义的人数。我们感兴趣的是散落在沿途的具体的物体、记忆、语言系统和神话,以及它们之间建立关系时相互作用的方式。简而言之,我们关心的是交换的物质生活。

交换的物质生活与叙事和故事密切相关,人们与它们相存、相伴、相生。换句话说,仅仅认为人类世界是文化建构的是不够的,我们认为更多的是如阿切尔（Archer，2000）和英戈尔德（Ingold，2000）所言，影片《玻璃玫瑰》（*Homo Faber*）讲述的是连续不断地通过物质接触、活动和交流去创造世界的行为。这种交换的关键因素如何支撑着我们的工作，则是我们下一章的主题。

第二章　给予与获取

从人类学和经济学到社会心理学和市场营销学，"交换"（exchange）在传统上一直是许多学科的核心概念，但我们选择它作为本章要讨论的理论框架的核心点并不是由于其学科的普遍性。恰恰相反，我们首先就讨论"交换"的概念，是因为它是我们在调查和参与旅游研究的过程中反复出现的核心活动。在本书的后续章节，我们将从人种志研究者的角度对"交换"的概念进行阐述。不过为了实现本章的目的，把有关"交换"的学术研究先提出来并加以讨论，对于避免后续再去澄清这些问题还是很有必要的。

一、旅游即为交换：引言

人类学研究告诉我们，交换是人类的普遍活动（Mauss，1990）。它存在于所有的社会和社区，无论是以市场为基础的大型社会还是自给自足的小型社会，它都贯穿始终。我们的日常生活也充斥着各种各样的交换：不仅是在商业交换中使用金钱换取所需的商品和服务，此外还有爱、友谊、社区的交换。交换可以是可预测的，比如逛（超级）市场的习惯。但也可以是出乎意料、妙趣横生、不同寻常和千变万化的。此外，交换也并非处于社会真空中。莫斯（Mauss，1990）就明确地指出，人类间的交换是可行的，它受社会和文化力量的制约，由不同的市场结构、社会等级或文化价值组成。正如约翰·戴维斯（John Davis，1992：1）所说：

> 交换其实是很有意义的，它是人与人之间传递事物的主要方式；它是人们创造和维护社会等级制度的重要途径；它是充满着象征意义

的行为，所有的交换都具有某种意义；对于英国人以及其他国家的人来说，它更是获悉社会关系、社会秩序以及自然基本过程的重要的象征性源泉。

交换既是旅游者的重要行为，也是了解旅游作为日常社会活动的本质的重要喻指——这是本章的前提。就前者而言，交换可被看作构成旅游的社会性及象征性关系的结构和行为。就后者而言，它为我们提供了一个概念，其维度和原理可以通过具体的实证研究来建构和阐述。

交换是人类的普遍活动，这一点毋庸置疑。但也可以认为，交换是一种社会现象，它展现着不同的文化和制度形式，这些形式在历史上和社会上都有特定的方式，其意义根据环境而变，深嵌在一定的时空关系中。从理论上讲，它意味着两个方面的意义。首先，"交换"这一概念的定义及其构成受诸多有关现代社会产生的宏大叙事理论的影响。王宁（Ning Wang, 2000：17）认为"现代性，正是旅游产生的条件"。这一看法的提出使"交换"的概念在特定的理论（主要是社会学）词条中形成，成为众多学科的研究传统，它鼓励从资本主义生产关系的发展的对立面来解读旅游。

第二种观点认为，交换深嵌于时代背景当中。这使得研究者在探寻交换作为一种社会、文化现象的研究中，更倾向于采用微观的实证而非宏大叙事的方式研究。如果你喜欢，可以聚焦研究一个个日常旅游生活中交换过程的小镜头。这两种方法主导着研究人员跨人文和社会科学学科来理解生活中的文化经济学（du Gay & Pryke, 2002）。

本书所追寻的旅游学研究，并非要做宏观或微观现象的相互辩证反驳，而是通过交换把这两种方式相结合，去理解生活中各种各样的交换。在这里，交换被看作社会现象中的文化成分。

本章中我们首先强调，旅游研究中的"交换"这一概念太过局限于上述第一种方法所说的社会学的宏大叙事。我们认为，宏大叙事确实加强了对旅游作为一种交换行为的理解，但它在很大程度上也受到了叙事中的二元分析形式的限制。我们同时认为，就后者而言，交换常常过于草率地被赋予了资本主义交换关系中的含义，它被视为一种抽象了的、脱离了背景的社会行为，使游客的角色降为主流意识的被动的同化者。

我们试图通过从旅游交换的社会学方式出发，探寻如何利用人类学、物质文化和文化经济的概念去传递不同的理解。基于这种范围更广的文献研究，我们创建了一个概念性框架，能够使我们从广义的角度理解交换的概念，这种理解根植于物质、情感和文化实质当中。交换是旅游情境中跨文化交际的基础。不过我们先来看看，交换是如何在理论上被建构为反现代社会发展之道的。

二、交换与现代性

正如我们先前在第一章里看到的，关于旅游的阐述有很多种。无论我们是否赞同马康纳早期作品中所认为的旅游者是生活在现代、异化的社会中，尤瑞（Urry）的基于视觉优先旅游系统中的个人和社会的旅游凝视，抑或是瑞泽尔（Ritzer）对于麦当劳化（McDonaldisation）和麦当劳－迪士尼化（McDisneyisation）的讨论，我们所得到的都是关于旅游本质上作为一个宏观的社会和经济系统以及旅游者地位的叙事。这些宏大叙事利用交叉经济、社会空间、时间和文化维度的包罗万象的总体结构，解释了一大批的旅游理论。也许更能说明问题的是，每一种叙事，尤其是马康纳和瑞泽尔，都与新马克思主义、新韦伯主义以及批判的理论观点建立了不同的联系。这些宏大叙事明确地提出了当前的主张，从社会和经济的角度将旅游与现代性和西方世界的历史发展联系起来。正如我们所看到的，这些论述大多持否定态度，要么认为交换是异化、理性现代主义的结果，要么是对它们的补偿，要么是两者兼而有之。简而言之，它们都可以被解读为现代性这个主题下的反乌托邦故事。

虽然这些宏大的叙事只是新兴且相对多样的旅游文献的一部分，其另一个重点是旅游者的文化行为，其中包括关注他们的经历和动机。这些宏大叙事继续在该领域撬动着更多学术研究。回头再看第一章中的分析，我们通过突出社会学宏大叙事的两种相关但又不尽相同的旅游观点，解读出专注于现代旅游背景下的交换方式：一种是马康纳的观点，后被密思安（Meethan）继续阐释；另一种是瑞泽尔所述的旅游即为麦当劳化理念的延伸，也就是所谓的麦当劳-迪士尼化。

密思安（Meethan，2001）间接引用马康纳早期作品，用非常简洁的语言表达了从社会学角度的看法，认为旅游是在现代化工作的分化条件下去寻求原真性。他的看法现在被普遍接受，具体可解读为：现代化的一个关键特征是分化，即创建了公共领域与私人领域，尤其理清了工作领域与休闲领域。在工作领域，现代化对"真实生活"（real life）具有破坏力——当工人把他们的劳动力（也就是劳动时间）卖给产品所有者来换取工资时，劳动过程也将他们与他们受剥削的条件分化了，同时还阻挠了群体阶级意识的传达，而这种阶级意识可以使工人认识到剥削并且推翻它。

人类的创造力和与他人的"原真"（authentic）关系也在劳动过程中被破坏了。我们在自己的劳动中被异化、从我们的环境中被分离。于是我们就利用自己的休闲时间去消除这种异化，并重新找回在异化状态下的日常生活里遗失了的原真生活。一些为被异化的现代化而设的地方和娱乐场所追求的便是在生活中丢失的"完整性"，而这些场所突出的便是所谓的非现代化或前现代化的社会（被定义为没有异化，那么必定也是社会关系非常"真实和原真"的地方）。

从明晰的新马克思主义现代社会发展观来看，旅游与交换复杂地联系在一起，这种交换被限制在资本主义生产关系中，并且标注为是原真的，与那些属于非现代、非工业、非异化的社会以及可从事暂时性休闲消费的人的形象连在一起的。以此看来，旅游是一种商品关系，保证带给人一种真实的消费体验，人们可以用从劳动过程中赚来的钱作为交换去购买这种体验。因此旅游是一种消费行为而不是生产行为，并且完全地建立在真实的自我与他人的关系之上。这种观点一直影响着旅游研究。约翰·格兰登宁（John Glendenning）的一部有关苏格兰的专著（1997）谈论的就是这个主题。他主张，面向潜在游客介绍苏格兰的旅游文章应以真实体验为基础。用他的话说就是：

实际上，苏格兰旅游已经被看作替代呆板的现代化的浪漫产品，不过其本身在很大程度上也有一定的虚拟性。……现代社会中存在着真实的深度缺失感和相应的烦躁不安感，这种缺失和不安不仅能促进旅游的发展，还能激发科学、技术和经济的发展。旅游业承诺会给人们完整的体验和丰富的生活，并且这种承诺也时时能够兑现。当旅游业致力于缩小偏见、带着学习的欲望与对话的渴望和始终不变的决心，以及实现人们在任何时候甚至在家也能体会到凯瑟琳湖泊（Loch Katharine）的幽深和神秘时，它的承诺是很能够实现的。（Glendenning, 1997: 238）

不过在社会学界看来，把旅游的量的减少与经济生产的直接结果挂钩是有问题的。它间接地建立在马克思（Marx）的某一有关经济基础与上层建筑模型或者至少含有马克思对社会经济结构与其社会、政治、文化生活之间关系的相关论述上（举例参见 Marx, 1859）。根据这些著述，一切政治、社会、文化、思想生活都已经成为经济设施的附带现象，它们被看作意识形态领域之物，并且使得社会的很大一部分看不到它们的依存与剥削情况。这样不仅把文化和经济预设为生活中各自独立的领域，而且还使前者的表达服从于后者的利益和运作方式。马克斯·韦伯（Max Weber, 1978）在他的著作《经济与社会》（*Economy and Society*）中就批评了这种经济文化关系和经济结构单一因果关系的观点。他认为经济与文化的依存关系是有关社会多重决定性概念的一部分。令韦伯感兴趣的是文化与宗教背景下资本主义生产关系的发展以及两者彼此关联的方式（他的有关新教工作伦理的专著就是最好的例证）。虽然马克思和韦伯的著作在许多方面都有差异（例如马克思对反乌托邦的和未来乌托邦的有关描述以及韦伯对朴素的反乌托邦的描述），但他们一致同意现代化是具有腐蚀性的。

就以对消费和旅游的研究为实例，韦伯在他有关社会合理化和"铁笼子"（iron cage）理念的著作中提供了一个有用且可使用的分析模式。这些观点中有意思的是，与经济基础–上层建筑单一因果关系的论著相比，它们在一个文化分析的框架中把消费和消费伴随的社会与经济关系理论化了，而在这个文化框架里起作用的是来自意识形态领域的利益。对旅游而言，它给我们提供了另一种宏大叙事。在这里，旅游的发展及其多样的结构和休闲活动行为都被当作越来越多的社会和社区合理化改革中出现问题的证据。众所周知，乔治·瑞泽尔（Geroge Ritzer）在他的著作中就采用了韦伯的合理化理念及其与现代旅游主题的关联性。

三、后现代游客

乔治·瑞泽尔最早的关于麦当劳化的论文就是以麦当劳快餐连锁店盗用官僚结构作为现代社会的合理性模式为出发点。他认为和高效性、可计算性、可预测性以及控制性相关的某种合理性模式并不仅仅是麦当劳的商业特征，并且这种所谓的合理性模式不仅在美国，还在世界各地的其他经济领域中渗透着。为此，他提供了大量证据证明麦当劳的逻辑在向多个包括旅游与旅行、健康和教育等领域扩散着。瑞泽尔不仅记录了这个现象，同时也对它进行了批判。实际上，他的论文是强烈反乌托邦的（与韦伯类似）。他指出，越来越多的日常生活领域正在遭受麦当劳的标准化、去人性化、无人情味并且是可计算的逻辑思维模式的影响。瑞泽尔认为这种逻辑是当代世界的"铁笼子"（借用韦伯的措辞）的核心，而日常社会生活的魅力却已像预料中的那样变得被程序化和被遗弃了。考虑到这些后果，至少在瑞泽尔看来，在所谓的"合理性"蔓延的核心存在着极大的"不合理性"。

在原著里，瑞泽尔把旅游作为经济领域的受麦当劳逻辑传播影响的例子。关于这点，他在众多旅游种类中把跟团旅游作为受旅游麦当劳化影响的证明。在这种模式的旅游中，游客在不同目的地之间跑来跑去，看到的只是一些主要景点，却不能真实体会到景区所表现的"真实感"（Ritzer，1996：76）。瑞泽尔认为这种旅游十分肤浅并且使跟团旅游标准化的可计算性变得非常具体。直到1997年他和艾伦·利斯卡（Allan Liska）合著的以"麦当劳 – 迪士尼化"和"后现代游客"（post-tourist）为主题的文章出版之后（同时也在瑞泽尔独著的《探索与拓展》（*Explorations and Extensions*）

中作为一篇独立的文章），人们才开始更系统地去评判旅游的合理性问题。

在上述的后一篇论作中，瑞泽尔从现代性和后现代性的角度对旅游业进行了审视。现代和后现代不是指那些能指明不同社会形式、彰显社会历史发展进程的时代阶段，而是作为一种研究社会现象的另类视角。因此，他依次从现代和后现代的角度去观察它们能给旅游业带来什么全新的见解以及它们之间是否存在不兼容性。从现代的角度出发，瑞泽尔认为旅游业正逐渐受到麦当劳－迪士尼化法则的制约，在这一过程中迪士尼主题公园也已成为此行业发展的模板。基于罗杰克（Rojek，1993）和布里曼（Bryman，1995）的论作，瑞泽尔引用了"麦当劳－迪士尼化"这个术语来暗指想要避开今天这种定制的、标准化的度假选择是非常困难的。当然，这个观点和现代旅游业以具备多种度假选择为特点的说法是相冲突的。

而从后现代的角度出发，瑞泽尔看到了麦当劳－迪士尼化的现代过程和后现代概念中的"后现代游客"之间存在的兼容性（Feifer，1985）。这是个有趣的主题，它既接受了旅游业的商品性，同时也充分地意识到"原真性"体验的可能性的缺失。瑞泽尔借鉴了鲍德里亚（Baudrillard）的观点，认为后现代游客理论展示了鲍德里亚的反对观点。在模拟程度越来越高的旅游环境中，游客已经无法体验到任何真实的环境了，所剩的只是对副本的再复制和一些脱离语境的标志物。他用这个观点来反驳马康纳所提出的游客旅游是为了找寻原真性的观点。瑞泽尔认为游客们在清楚地知道在旅行中是不可能找到原真性之后，他们反而是在找寻非原真性。也许旅游的现代和后现代观点具有互补性，正是因为这两种世界观都已被合理化了。

瑞泽尔关于旅游的互补性观点，包括合理化和模拟物（对副本的再复制）都是消费的资本主义逻辑对以前"未受影响的"一些领域的不可抵抗的侵略。相对于以前的新马克思主义者将商品关系看作旅游业发展的唯一动力而言，这是更加明确的从文化上和意识层面上对旅游的解读。由于旅游业将越来越多的地方商品化，或者更确切地说，通过合理化的过程，旅游的目的地已变成消费场所，当地的文化和本地居民"原真的"生活方式已经根据游客们的喜好而改变，并在这个过程中慢慢被"侵蚀"。

从资本主义交换关系冲击了"传统"生活方式的观点来看，认识论暴力（即土著知识体系的瓦解）表现为现代社会的意识形态和经济利益对本地主流社会利益的威胁。一些有关文化交换的研究文献表明，这种交换对"旅游地"而言是社会、环境和文化上的污染，它歪曲了自然的、本土的和未被污染的价值，而这些价值正是支撑传统社会中的非资本主义与令人厌恶的现代市场经济交换关系的坚实根基。稍后我们再回到关于现代和非现代交换的不确定性划分的主题。

这两个具有侵蚀性的关于现代性宏大叙事（新马克思主义和新韦伯主义）的核心，是个临时被编撰的有关"损失"的故事。正如莱昂和科尔霍克恩（Lyon and Colquhoun，1999：192）所强调的，"过去的经历作为一种休闲资源，……对我们的生活来说可以帮助我们有意识地放松精神"，这句话是对我们看似发展迅速的时代的需求与挑战的一个回应。这一点非常关键，因为它告诉了我们时间在旅游里所起的作用和带来的体验，旅游交换发展的轨迹和原真的"他者"也经常被论及。以原真的"他者"为例，时间所扮演的角色便非常明显。"他者"是前现代社会的一部分，属于非工业化时期，这个时期的时间和与现代社会及其劳动过程相关的时间不同。想一想现代的广告，它们告诉我们要放松，要享受慢节奏的生活，并展示了另一种文化的不同的生活节奏和时间。王宁（Wang，2000：97）清楚地指出："现代性带来的不仅是新的时间顺序（时间表、常规化、生活节奏和集体节奏等），还带来了全新的时间意识。"旅游的一个吸引力就在于它与尚未被商品化的非现代社会之间的一种关联——一种不同的时间，一种慢节奏的生活。

莱昂等人所认定的当代社会的一个主要矛盾，是很多制度和体系随着时间的推移限制了我们对时间的"掌控"（例如劳动过程），加强了我们认为时间总是不够用的观点，也让我们误以为在这个方面我们能主导自己的生活。他们声称，我们寻求在关于时间的心理体验中将数量和质量最大化，通过回顾过去的方式来缓解西方当代经验的分裂和不确定性（Brewis & Jack，2005）。他们尤其借用了托夫勒关于异化的讨论。托夫勒（Toffler）用"在过短的时间中做出过多的变化"（Toffler，cited in Lyon et al.，2000：19）来应对"未来休克"（future shock）。不过，他们建议我们大多数人只是偶尔利用一下过去的经历，并将此作为一种应对机制（p.20）。

我们可以将此看作后现代的一种矛盾性，这是王宁（Wang，2000）关于旅游业和现代性的社会学论文的要点。但也许更为关键的是一个引起更为广泛关注的观点，即虽然现代社会被认为是速度正在加快（我们一直感到时间不够用），但是它确实是一直在沿着资本主义经济和社会轨迹在发展着。换句话说，速度并不意味着社会变革；它只代表一种有规律的集约化进程。在这个时间意义上，旅游业并没有提供什么特别之处——它只是通过异化劳动过程或合理化各种结构与实践来带领我们沿着同样的轨迹行进。旅游作为一种交换方式往往被视为通过异化或合理化的方式沿着这些轨迹来建构或行动。

四、关于大方向的问题

现代性下的交换和原真性之间关系的框架在很多方面来看都是有问题的。

第一，它们都将我们有关旅游的观念限制在与市场的交换，并且更重要的是在商品化的生产 / 消费关系之间的交换。在这一点上，交换变成了一个高度抽象的部分，变成了市场中脱离语境的概念，和社会特性与文化背景特性都有所脱节。交换，相当于"商品交换"，以货币为基础，通过商品化过程将所有物品都等价交换。

第二，新马克思主义和新韦伯主义观点下的游客交换系统都将它定义为一种消费行为，包含主流意识的被动同化。无论是劳动的异化条件还是消费的合理化条件，这些历史性和进步性的宏大叙事都会使个人行为、意志和信仰同质化，并完全转化为被动地吸收资本所有者的利益。在这方面，消费如同一块铁板，不受人类种族、不同行为方式的影响，也没有抵抗这种权力结构的可能性。消费者被经济和文化领域的相互关系所欺骗。就像德斯蒙德（Desmond，2003：39）所问及的："（麦当劳化）该怎么解释像朋克摇滚、狂野文化和动物权力行动主义等这些从'郊区的麦当劳化'中发展而来的反传统文化力量的渗透？"正如塞尔托（Certeau，1984）所提醒的，我们应该将消费视为日常生活的实践，消费者对物品的使用有时会对资本主义生产关系的颠覆起到一定作用。

第三，正如大量有关现代性的反乌托邦的故事一样，这些宏大叙事也假设并以不同的方式编排着怀旧的主题，怀念着过去平静岁月里的协调且"完整"的社会关系，但如今那些社会关系都已不复存在。帕克（Parker，2002）认为，这些观点中不乏精英之才。他认为瑞泽尔的观点就是鄙视那些消费麦当劳这种快捷食品的人。它其实也是假想着一种所谓的从前"更美好"的生活，一种"更古老、更慢、更安静"的世界（Parker，2002：32）。虽然这种世界或许从来都没存在过，但是也不妨碍他们用创作故事来揭示当今社会的腐蚀作用。而乌托邦和反乌托邦的主题就是编撰这些故事。

毫无疑问，在旅游学研究中也存在一段有关精英主义的悠久的传统历史，这种传统是在浪漫主义时期形成的，映射出旅游学自身的独有特质（Boorstin，1961；Buzard，1993；Fussell，1980；MacCannell，1976）。新马克思主义者试图将旅游视为一系列异化了的社会关系甚至视为少些精英色彩的其他体系的做法，就可以理解为是对这种传统的一种呼应。我们就此打住，是因为这种状况下会有出于所谓的辩证运动而制造二元论的风险，正如那些旅游文献中所强调的宏观与微观之别，这里还会表现在公开与隐私、浪漫主义与现实主义，以及物质与情感之别。

第四，也是基于上文中后者的论点，就旅游本身的行为来讲，这些讨论提供了有限的有关游客活动的制图学观点。这一点很重要，如果旅游的特征——按照密思安（2001）强调的——被定义为就是对空间的商用化的话。针对这一点，卢瑞（Lurry，1997：75）敏锐地指出：

　　旅游一直……被认为是人在不同的地点之间移动，或者更加具体地表现为人在地图上标注的不同文化区间移动。这种观点不仅假设地点与文化的同一性，而且两者还是固定在一个稳定的、协调的空间里，游客在这里变成四处游荡的个体，行踪紊乱地在这个有序的空间里选定着地点和文化。

这种选定地点与文化的行为不仅可以把一个抽象的场所具象化，而且还将那些生活在该地区的人的身份同质化。来自西方工业化社会的游客就被认为是更宽泛的、被劳动过程异化了的普通工人的同质化群体。他们在他者那里寻求慰藉，而这个他者被认为是一样同质化，并且完全不同于未被现代性的暴力秩序所感染的一群人。这是一个核心问题，因为旅游学研究依赖于我们和他们，依赖于西方和其他地区的主流（Alneng，2002）。那么，要突破这一点、突破其他看待游客世界的主导方式，是我们完成这本书所要面临的关键挑战。例如正是如此，就使得我们采纳了沿西—西轴线和在工业化的、晚期资本主义的以及西方主题中的旅游作为我们研究的重点。

当然，这一章里我们将新马克思主义与新韦伯主义的宏大叙事作为研究焦点，只不过是众多细致入微研究方式的冰山一角，这些研究里对旅游的研究才能接近对交换的研究。然而，我们也并不就此认为它们已经并且将会继续成为理论框架的核心以及旅游研究的传统方法。此外，迄今为止我们所认识到的其他的二元化和辩证化的趋势，也使我们开始看到一直支撑着我们和我们领域的传统知识、文献、方法和学科实践又是如何在制约着我们。法国后结构主义对于艺术、人文学科和社会科学的深远影响就是明证。

我们并不倡导脱离传统的做法，事实恰恰相反。但是我们的的确确主张学科的交叉，即在尊重传统完整性的同时，吸收其他学科对旅游研究的延伸影响，使其能够接触并逐渐进入旅游现象之中。换言之，我们尝试着从现象开始，它们可以是行李，可以是书，可以是与他人不期而遇的兴奋，可以是青年旅社的冰箱，抑或是作为旅行者和研究员而唤醒的记忆。我们可以从梅洛-庞蒂（Merleau-Ponty）、大卫·亚伯兰（David Abram）和蒂姆·英戈尔德（Tim Ingold）（Abram，1997；Ingold，2000；Merleau-Ponty，2002）那里寻找思路，来理解旅游交换是一种感性的互惠形式，它涉及感官和物质世界，触发情感，提高智力，并以转变、分享及改变权力和社会及文化习俗的平衡和本性的方式来实现。

如果我们从旅游内外的主流传统放眼来看其他学科，我们会发现这些学科不仅帮我们保持了对它们的批判性，而且还提供了其他的观点。例如在人类学与物质文化中，就一直将对交换的认知作为核心的概念性工具来进行社会与文化的调研。对交换概念更细致的理解还会提供更多的成果。近年来，文化研究及文化地理学就有一批有关文化经济学概念的作品发表，明确指出文化经济学充分揭示了文化领域与经济领域两者的关系。接下来我们讲讲人类学。

五、人类学和交换

在转向人类学的过程中，我们不仅试着延伸对前面探讨过的宏大叙事的"内部"进行批判，而且还试着提供有关交换的性质和功能的不同版本。很明显，从人类学的文献研究来看，交换的整个范畴及其人际关系和主体性的定位都可以从完全不同的方式去理解。正如有多少人类学家就有多少人类学版本一样，关于交换的版本亦然。

其中，人类学研究让我们能够直接地和批判性地处理种种惯性方式，即大量的社会学研究一直试图将资本主义交换原则及其关系提升至建立在等价模式之上的高度抽象的市场方式。根据埃里克森（Eriksen，1995）的观点，这种对市场交换持有优越的观点的影响之一便是它太过于把经济作为系统而区分开来。这种"分离"会有很多衍生。首先，它降低甚至隐匿了其他的（即基本的非市场、非资本主义）交换原则与实践。在谈及为何我们在工业化（尤其是消费的）社会里的交换会比其他的社会中"多"这样的"神话"时，约翰·戴维斯（John Davis，1992：2）认为：

> 我们认为我们的交换比其他国家的人做得多的一个原因，是我们过分强调了商业活动在我们的生活中所起的作用。但如果简单地认为我们的经济是被商业和国家过分地占据了的话，那也是对我们经济体的过于粗略刻板的认识。和在市场或商店里的交换相比，我们很容易忽视我们与亲友之间的交换。我们把它们界定为是琐碎的、涉及量小的、低于感知临界值的事物，尽管我们凭自身的经验也知道它们具有政治影响力，具有重要的象征意义，并且对物质、情感乃至精神幸福

都会产生影响。

正如戴维斯在本章的序言中所指出的，有一种趋势，它或许在西方（后）现代工业社会里也并不算陌生，即过分强调将商业交换是一种经济模式。因此，任何"生硬"地将商业和非商业的空间加以区分的行为都仍能够在目前这种全球资本高度聚集的世界得以维持的情形下，认真思考非资本和非商业形式之间的交换是具有建设性意义的。或许更具体地说，我们都有丹特（Dant，2000）那样的忧虑。他认为，有关交换的概念过于聚焦在金钱关系上，事实上是不适当地限制了我们对物质文化的理解。在这种金钱关系之外，戴维斯的著作（Davis，1992）是一部优秀的实例研究著作，解读了抽象的资本主义市场之外的交换系统，在作品中他概括了在英国语境下（p.92）以及格雷格森和克鲁（Gregson and Crewe，1997）有关旧货销售的研究中所涉及的"各种不同的交换或交换技能"——从套利和银行存款到慈善和抢劫。

在思考与那些"西方"的人不同的交换形式的时候，赠礼的传统，还有礼品经济的概念一直是人类学家关注的焦点（最知名的有 Mauss，1990）。事实上，"商品交换"和"礼品交换"的对比分化也为市场的选择问题提供了一种通俗的阐述方式。我们无意去长篇累牍地讨论那些有关礼品研究的意义、功能和经验主义的精确性的争论）（这在其他地方已经被很详尽地阐述过了）。与之相反，对我们来说真正有意义的是礼品的交换被认为是基于与商品交换完全不同的理念。而历史上，礼品交换在理论上也被限定在非现代的社会里，例如特罗布里恩群岛（Trobri and Islands），即马林诺夫斯基对马西姆人（Massim）的研究基地（Malinowski，1922）。德斯蒙德（Desmond，2003）则简要地总结了礼品交换和商品交换的主要差异。他的汇总结果列在表 2.1。

德斯蒙德的对比研究表明，与商品交换相比，礼品交换表现出了不同的价值观和不同的形式。它更强调一种互惠关系，通过内在的社会关系来创建或再建构社会纽带和社区，而不是个人利益获取和抽象化了的市场对社会关系的利用。它们以不同的理念为特征，并且再现出不同的社会观念。

表 2.1　礼品交换和商品交换的差异

礼品交换
送礼可提高地位
礼物不可分割
在伙伴之间建立质性关系（qualitative relation）并构建社群
交换源于酬答的需要
交换创建依赖性
交换创造价值
决策流程取决于社群和互惠的需求

商品交换
地位随着物质的累积而提升
这些物质不可分割
在陌生人之间建立量化关系（quantitative relation）
交换以规则作为支撑
交换维持独立性
交换创造价值
过程具有理性、可计算性及线性

来源：Desmond，2003：147。

　　不过，戴维斯（Davis，1992）和埃里克森（Eriksen，1995）强烈反对把交换形式分为西方方式（商品交换）或其他方式（礼品交换）的倾向。正如我们早些时候指出的，一直都有一种倾向是要通过二元对立的方式来降低我们对交换和经济模式的理解。这点尤以人类学为甚，其中最为持久的观点就是"西方"表现的是资本主义交换关系，而其他的表现则是礼品经济，或者至少是以互惠为原则的交换模式。

　　事实上，这种区分太过明确，而找寻"纯粹"的任何一种关系的例子也已变得越来越难。事实上，许多人类学研究都已经开始关注基于货币的交换模式对所谓的传统社会的文化逻辑所产生的影响。有一个著名的案例研究就是博安南（Bohannan，1955，1959）对尼日利亚北部的提夫人（Tiv）的研究，它记录了西方货币被引进到前非货币经济体时所造成的影响。

　　埃里克森（Eriksen，1995）指出，从经济制度中产生的第二个衍生品是它常常将交换的概念和实践从它发生的语境中剥离。我们认为，对交换所做的研究——不管是礼品交换还是商品交换——都是不能离开它的社会和文化背景的。这里的问题似乎在于，基于货币的交换和被抽象化的市场都被看作自然发生的、存在于社会和文化体系之外的现象。货币的使用被认为是"就该发生"和"就该是那样"的事情。但是，正如帕里和布洛赫在其所著的人类学著作（Parry and Bloch，1989）中所充分论证的，货币并不是一个非社会或非文化的事物。货币是一种深刻的符号现象，它和它的社会与文化的环境是塑造与被塑造的关系，也因此而含有重要的道德特质。

就经济和文化领域的不可分离性这个主题展开来说，近来有雨后春笋般出现的文章在讨论它们的相互关系。例如，杜盖和普莱葛（du Gay and Pryke，2002）在他们最近的一部有关文化经济学的专著中就指出，经济和文化虽然不能互相还原，但却能够互相构建。而近期汇编的彼得·杰克逊（Peter Jackson）的一篇有关商业文化学的评论就特别对商业和文化的常识性理解提出要"跨越二元论"，引文如下：

> 这本书的任务……就是要找到跨越二元方法论去探索的另一种方式，这种方式能够解读各领域中的时尚、刊物和零售等各类文化产品在本质上关注的各类文化差异的商品化……。相反，我们的目标是展示表象化下的市场推理思维是怎样不可质疑地根植在系列的文化过程中。我们不想把文化"减化"到经济上（反之亦然），或者去证明等式的一边比另一边更重要。相反，我们认为世界充满了所谓的天然的混合体，即商业文化。（Jackson et al.，2000：1）

在本章的第四部分和最后一部分，我们研究和创建一个理论框架来进一步阐述上述观点。它结合了基于丹尼尔·米勒（Daniel Miller，2000）的"价值工程的诞生"的有关交换的理论框架与近期对物质文化的批判性研究，其中最知名的是西莉亚·卢瑞（Celia Lurry，1996，1997）。

六、物质——交换的文化途径

丹尼尔·米勒（2000）的观点与上述所提到的批评有共同之处，他认为在人类学范畴中对交换的分析往往与其他学科一样，都是基于简单的二元论。他对两个理想化的极端之间过于简单化的对比做了特别的注解：它们就好比"礼品"和"商品"（或者有时是"市场"）以及被认为是价值构成的两种截然不同的方式（Miller，2000：77）。米勒认为，由于反对方可以轻易改变观点，这两种交换形式之间存在的长期争论有可能已经结束了。作为替代，他提出了一个研究交换的可选思路，这一思路可能具有超越禁不起推敲且易被颠覆的二元论的能力。在他看来，研究人员应该把注意力集中在文化价值的层面上，通过不同的、有时是变革性的背景环境来追溯它们变化的形式和影响。例如这可能涉及追踪商品交换系统中特定物质客体的价值，以及随着这些客体进入可替代的交换过程中，这些价值是如何发生变化的。也许我们可以把旅游看作一项"价值的交换"，看看不同的价值是以何种形式、何地、何时于何种情况下进行交换的，以及它们的结果如何。

正如上文暗示的，价值的让渡和转换是作为一种更广泛的客体关系的一部分而发生的，而正是这些客体关系构成了现在发达的物质文化的研究基础。西莉亚·卢瑞在她的《消费文化》（*Consumer Culture*）中，巧妙地总结了关于物质文化研究的两种相互联系的方法，这两种方法是她关于欧美社会中消费文化发展的更广泛论点的一部分。一方面，它与探索社会生活拥有物质的方式以及客体在社会身份建构中的作用有关（作为可能被我们包含在内的游客身份的一部分）；另一方面，我们也可以认为，客体本身具有社交生活，因此便有了对其用途及意义的传记记载。后一种客体关系的含义激发了这一领域近来的许多争论，特别是关于物质与文化之间的关系问题以及文化的概念是否能成为社会分析的"有用"的工具的争论。这些辩论使我们能够进一步发展米勒的观点。他强调，价值的变革性本质与近期关于物质文化的争论是一致的。

起初，我们受到了阿帕杜莱（Appadurai，1986）研究的影响，他成功地将人类学的关注点从交换的形式和功能转移到交换的事物上，因此，广义的解释认为，可能是政治创建了交换和价值之间的联系（Appadurai，1986：3）。故而交换变成了一项用来达成我们目的的政治活动，与过去和未来及一系列的价值密切相关，它复杂而广泛地分布于社会系统中，并在各项事物上彰显出来。客体的这一方面使我们可以考虑科普托夫（Kopytoff，1986：66-67）定义的"客体的文化传记"（cultural biography of the object）：

> 在为事物写传记的时候，人们也会问一些类似于对人类所提及的相关问题：从社会学角度来说，该事物在"身份地位"、时代和文化方面具有哪些传记的可能性？这些可能性如何实现？这一事物是从哪里来、又是谁制造的？到目前为止，它的事业是什么？对于这一事物来讲，人们认为什么样的事业才是它的理想事业？在该事物的生命中，哪些年纪和时期受到了大众的认可？它的文化标记是什么：该事物的用途是如何随着年龄的变化而改变的，以及当它的用途终结时会发生什么？……对事物的传记可以使隐蔽晦涩的部分得以显明。

在对我们旅行包中一些对我们来说具有特殊需要的特定物质客体进行传记编撰时，我们希望展示一些具有政治性和有价值的事物，并且它们也能被放置于同样有政治性和价值的囊袋中。针对文化领域的这些问题可以将我们带入一个迷人的文化历史、史实性、政治宣传以及国家建设和解构的领域。但同样，它也把我们带入了人际关系、伤感情绪、情感满足以及感受到事情处在正确的状态中所产生的满意之中。它将我们带入生活中我们赖以生存同时也在努力追求的事物之中（Eagleton，2000）。它使我们能够观察到在文化政治中特定的人工文化产品所扮演的角色，使我们能够开始在动态的他异性中添入一些独特的东西。

物质文化一直是人类学家关注的焦点。尽管阿帕杜莱的著作已被视为是经典的教科书，但毕竟已经有些老旧了。直至近来，对物质文化的关注主要聚焦于交换的行为而不是客体本身。对客体的关注的转变既是物理的，又是语言的/象征性的。就像行为包裹在客体中一样，包裹在行为中的客体也变成了一种象征。不过最近对物质文化的关注以及对"物质性"或"物质性生活"这一新造词的关注也是可圈可点的。

这个问题不仅仅是关注物质文化能够实现政治和价值的表现或者是具体的展示，而是将社会科学领域的焦点转移到了物质世界，这是一个潜在的、更具有理论意义的转向。自从广为人知（声名狼藉）的语言和文化转向并涉足后结构主义之后，在过去的三十年里对语言和文化的关注已使得人们的注意力集中到了文化建构的过程，即语言和文字在创造文化的过程中发挥的作用以及不稳定的表征性质。但物质生活始终以几乎不为人注意到的隐秘的方式在持续积累、沉淀、燃烧、破碎、浇筑、塑造、给予和接受着。这就像在福柯的领域上刻苦钻研后，首先发现的是个人工产物，而不是权力、论述、过程或惩罚。当这个早已被遗忘的事物被小心地拂去尘埃、加以修复并抛光后，它便开始再次显示出它的有用性。在这个节骨眼上重新回到物质文化，就像去了一趟阁楼然后带下来一批布满灰尘的盒子，然后又为这些盒子长期未被发现的潜质或是令人吃惊的价值所激动一样。在这种情况下，"物质性"和"物质性生活"对于我们来说可能是比"物质文化"更有趣的术语。不管怎样，根据包括特里·伊戈尔顿（Terry Eagleton）和蒂姆·英戈尔德（Tim Ingold）在内的主流文化理论家的观点，文化是一个书面的、不成文的又不断被改写的术语，它被宣称为是不切实际甚至是垂死挣扎的，至少还需要在"阁楼"上再待上一段时间。英戈尔德（Ingold，1993：230）就指出：

> 我认为，可以说人类学对"文化"这一概念的运用带给我们的其实是如何对它加以"解读"而不是"解决"的思考。我们之前已经本末倒置地把世界割裂开来，现在留下来的是必须通过解读才能重新联结的碎片。那么，再沿着相反的方向去恢复基本的连续性，并在此基础上去挑战隔离话语的霸权，难道不更可取吗？如果是这样的话，那么作为这一解读的关键术语，"文化"概念的提出便是自然而然的了。

在此，英戈尔德的观点主要围绕着文化的重要性和独特性以及人类学中有关身份建构所产生的争论。他试图将文化之盒的各边压平的做法在人类学中产生了一种特殊的共鸣；他对翻译的理解是象征性的，而非语言性的，而他的"持续的世界"是一个无法容纳巴别塔的地方。尽管如此，他将世界打包成整齐的文化包裹会引发不同问题的观点至少有助于打破某些有关文化的论述的霸权。

伊戈尔顿（Eagleton，2000）也曾对文化这一概念发问，但他的问题与文化的概念如何分割世界的方式关联度不大，他关注的主要是生活的政治和物质的维度，关注焦点就是文化模糊（culture obscures）。在这方面，他表现出对雷蒙德·威廉斯（Raymond Williams）研究的极大的继承性：

> 文化不仅是我们赖以生存的东西，在很大程度上，它正是我们所竭力追求的。……我们已经看到了文化所表现出的新政治重要性，但它同时也一直在肆意发展中。现在是承认它的重要性并让它回归本位的时候了。（Eagleton，2000：131）

对于伊戈尔顿，我们的关注点应该从他所坚持认为代表了时代特征的文化问题转向物质问题，它们体现的是文化的政治学特点，而非文化的政治性本身。

然而，那些对物质生活、物质性以及交换行为、事物与价值点之间的联系或关系等概念的引用并不仅仅只是社会学理论的一个"物质性转折"（material turn）。希弗和米勒（Schiffer and Miller，1999）都详细地记录了物质文化研究在心理学、社会学和人类学中的边缘地位。他们认为，人与人工产品之间的关系次于文化建构的过程，这种行为只不过是传统的本体论在实证领域内的重复罢了。阿帕杜莱（Appadurai，1986）、米勒（Miller，1999）、道格拉斯和伊舍伍德（Douglas and Isherwood，1978）的主要研究都可被认为是这种观点的代表，而他们对"物质文化"这一术语的使用也被认为是有问题的：

> 即使是"物质文化"（material culture）这个术语也会使人工产品只被当作一种文化参照系而居于次要地位，即承认客体的存在但否认人类生活的物质性。显然，物质文化研究已经被"圈养"而对理论

霸权产生不了什么威胁，更别提传统的本体论了。（Schiffer & Miller，
1999：6）

"物质性转折"和回归本体论的问题——即我们如何理解我们在世上的
存在，而不是我们如何构建我们对世界的认识——可能确实是对建筑、语
言和文化关注的一种反应。然而，不管怎样，这并不是说为了理解人类世
界的文化建构，理解语言在其表现过程中所发挥的主要的、常常也是感官
的作用而开展的研究工作是无效的，或者会由于其焦点或方向的改变而变
得毫无用处。的确，对物质性的明确转向可以对相关讨论产生影响，使其
从全新的维度看待文化建构和语言过程，因为它们使我们能够重新关注语
言和建构的物理维度。

卢瑞（Lurry，1997）近期关于旅游文化的研究应该是反映了一些对
于物质文化中有关"文化的"疑虑，或者更确切地说，是对人类而非"人
类—客体"关系中客体一方的带有特权性质的关注。正如前面所强调的，
卢瑞对常常与旅游相关的稳固的制图模式提出批评，即：游客是从地图上
清晰标注的固定地点旅行到另一个固定地点，他们还可能从那里带回某
种可以形成回忆的客体。卢瑞借鉴了人类学家詹姆斯·克利福德（James
Clifford，1992）的研究成果，对这种由制图构造所预设的旅行和住所之间
稳固的对立性进行了批判：游客从一个叫作"家"的地点开始旅行，然后
在另一个叫作"海外"的不相干的地点入住。她感兴趣的是"旅行文化"
这个概念，即从所谓的特定地点脱离开来，把关注点放在居住/旅行的动态
活动上。在我们目前关于物质文化的讨论中，卢瑞着重考虑了这些旅行文
化，它们不仅是针对那些住进去并且与他们一起生活的人，而且还与那些
居住和旅行的客体有关。

卢瑞指出，旅游研究一直没有对客体、尤其是对本章节前面概述的人
类学研究产生学术兴趣，这是有问题的。因为它将客体仅仅视作旅行者的
"延伸的行李"（Lurry，1997：76）。借助克利福德的"居住—旅行"的动态
观点，她认为旅游包含在客体里，这不仅因为旅游涉及运动的客体，还因
为它涉及静止的客体。这种运动与静止的动态很好地反映了克利福德对旅

行的描述。她这样做是为了解决她所谓的旅游研究的"双重遗漏"（p.76），即无法"确定人和客体的旅行／居住关系对旅游实践的意义"（p.76）。

我们对交换的概念的更广泛理解主要来自卢瑞的研究。第二部分和第三部分开头就举例具体说明了我们在研究中遇到的，以及人和客体的旅行与居住之间相互依存的关系。卢瑞的理论研究通过这样的例证给我们提供了一种重视旅游业内客体的作用的方法，它们不仅构成了旅游文化的核心，还可愉快地共存，重点强调了对丹尼尔·米勒的早期研究中所勾勒的价值观的商讨。

同时，我们不愿过早地将文化的概念"贬"到阁楼里（正如伊戈尔顿建议我们的做法），我们很希望为旅游交换的研究提供一个更宽泛的概念性理论框架，其中物质客体扮演着重要的角色。我们也看到，旅游的物质生活现象并不是简单的物质客体，而是与感官、参与性的交换关系联系在一起，在游客的日常生活中触发着各种各样的思想、感受、色彩、情感和回忆。

总之，这一章已经开始思考我们如何理解交换这个现象，它既是实际的旅游实践，也是旅游本身的象征。我们首先从审视某些方法开始，这些方法借用的是对旅游的社会学宏大叙事方式，它使我们把旅游理解为只是一种交换行为。在此重申，它们是要把交换限定在脱离了环境背景的市场原则和资本主义生产关系原则的范围内。旅游要么是疏离的结果，要么是现代社会的理性冲动，要么便是对它们的一种补偿。

为了寻求更宽泛的方法来研究交换，我们研究了人类学的相关文献，这些文献不仅显示了旅游交换的高度镶嵌性本质，还显示了在所谓的"现代"社会内外，这一交换的可替代结构和实践的可能性。这种洞见使得我们能够从把旅游作为文化实践的地方视角，而不是从历史的宏大叙事的角度着手，对游客交换和作为交换的旅游展开调查。那么从这个角度看，除了那些商品化的市场，对可能存在于旅游领域的其他形式的交换提出问题就变得十分恰当了。我们询问了非货币形式的交换是如何实现的，它们是怎么发生的，涉及哪些实践以及交换了哪些对象，这些跨文化关系又有哪些更广泛的延伸领域。

　　本章的最后一部分研究了当代关于物质文化的讨论将会如何有助于我们将交换概念化。在这方面，我们把丹尼尔·米勒一直坚持进行的一项关于改变客体价值的调查研究与西莉亚·卢瑞对事物的社会性生活的关注放在一起。在此，我们将从人与客体的"旅行—居住"关系中探索旅游的交换实践。借助米勒和卢瑞的研究，我们不仅要致力于与游客客体交换有关的文化价值的研究，还要关注客体本身的物质性，以及它们在旅游文化中的作用。在下一章中，我们将把自反性（reflexivity）作为一个关键的交换实践行为，它属于我们的研究关系中的旅游文化，我们将在更广泛的研究方法基础上对它进行探索。

第三章　做游客

上一章的重点是构建一个理论性框架来研究旅游背景下的交换。本章中，我们将探讨方法和方法论的问题，讨论的不仅是促成本书中旅游叙事的各类素材，也包括获得这些素材的研究过程的性质和形式。换句话说，我们将重点关注知识建构中的"什么"和"如何"的问题，并以此来讲述跨文化交际的故事。

在准备行李时，我俩都准备了装资料用的袋子。我们带了一些盒子，有几个装着早已整理好的材料，有几个装着玛丽·道格拉斯（Mary Douglas）、詹姆斯·克利福德（James Clifford）、约翰·尤瑞（John Urry）、瓦尔特·本雅明（Walter Benjamin）等人写的书。我们还带了旅游手册和导游指南、录音机、笔记本电脑、相机和笔记本，此外还带了文件夹和文件袋，用来装在路上收集的材料。对我们来说，如果空手而归就意味着研究的失败。

在讨论如何收集素材及收集何种素材时，我们特别注意协作时的对话，这也是人种志调查的基础。我们讨论了"薄空间"（thin spaces）（休息、写作和反思等"幕后"的地方）对于获得"厚描述"（thick descriptions）和建构"实地关系"的重要性。在我们人种志调查的范围里把这种"薄空间"展现出来，可以作为媒介来阐明本书写作的初衷，阐明生产这部"超出"预设领域的作品的物质生产条件。更进一步，我们用它来持续探讨自反性（reflexivity）的概念及其在我们的研究方法中的作用。我们运用自反性不仅因为它在当代方法论文献中的中心地位，而且还因为它是日常社会行为的一个内在构成，这一点或许更重要。

一、数据袋：从"薄空间"到"厚描述"再回到"薄空间"

当然，我们本来可以不带文件袋来收集数据，可以在没有预设"实地"的情况下通过一些与苏格兰旅游相关的问题来开展研究。在旅游过程中与其他游客相处时，我们可以不做参与观察（participant observation），不听游客说故事，不吃冰激凌，不开租来的福特福克斯车，不拍照以及不把他们的生活及时嵌入一个特定的社会和物质空间中。

首先我们想到了历史研究法（historical research）。苏格兰的大学和国家图书馆收藏了大量的材料和档案，可以用于研究旅游历史。我们本来可以做调查、做问卷、将对话录音以及分析小说、电影和音乐中对旅游的描述。有些学者已用这些方式对相关问题进行了研究，他们的文献我们也可参考（Buzard，1993；Macdonald，1997）。然而，我们提出的问题却需要我们亲身参与正在进行的旅游活动，奥格（Augé，1995：18）认为，如果"人类学研究在现时是研究他者的问题"，那么它在形式和目标上与旅游研究很相似。而我们认为旅游学在现时也是在研究他者的问题。因此，我们就想到人种志调查这种人类学中最重要的研究方法。

这项研究有一个特别的、但也不算是唯一的特点，就是合作性。田野调查是由既是朋友又是同事的两个人共同完成的。一起做人种志调查就像一起度假一样。假期在很大程度上就是共享的社会经历，而人种志调查多数情况下是由一个人完成。因此，人种志调查者与田野之间的双向关系，在我们就变成了两个人种志调查者与田野彼此之间的三元关系。另一个人在同一个行动中的物质存在意味着田野中的叙事在这个环境中发生并不断地被分享。这里涉及的不只是一个田野，而是两个田野：一个是我们成为"游客兼人种志研究者"并进行参与观察的田野，另一个是同时存在的学术研究田野。

前者也称为生存心态（habitus），它被布尔迪厄（Bourdieu，2000）定义为"行动过程中的习得性性格"，游客兼人种志研究者的生存心态是在旅游实地的实践中形成的。有趣的是，我们所进行的"旅游人种志调查"是通过预设、展现不同的研究空间并在那里居住的方式进行的。为了方便描述和解读，我们构建了旅游活动中的不同"阶段"，即我们视为研究中"肉"的部分，此外我们还生活在所谓的"薄空间"之中。我们所找到的"远离人群"的空间是在称为"非地方"的匿名的咖啡馆（Augé，1995）或者基本上不会碰到旅游研究数据的"非地方"的户外。这些可以看作"骨骼"的地方对我们的研究很重要，但通常它们很少在文献中出现，也很少有人评论。

应该指出的是，这些空间有三种特点：有益身心、很安静、宽敞得让人免受干扰。这些"薄空间"是我们休息而不是工作的地方，是"在田野又远离田野的隐蔽处"，找到这些空间就类似于回到人种志研究者的"帐篷"。人种志调查对实地的描述中通常不提及这些私人空间，因为它们往往被视为与实证记录无关，尽管记录工作就是在这些空间完成的。

我们的研究一定程度上展示了这些用于休息和记录的"薄空间"，在那里，至少在理论上我们停止了研究者的工作状态。同时，也就是在这个"帐篷"里，反思笔记或人种志研究日志上没有记载的生活正式开始：给家人写信；给关心的人打电话；告诉他们"工作顺利，旅行很值"；协调离开家或办公室后要处理的事情；给银行打电话；谈论天气；写明信片；与朋友分享初步或成熟的想法并探讨可行性。瓦尔特·本雅明给我们提供了一些线索，说明了这种"薄空间"对于人种志调查的重要性。

本雅明在他所写的关于布莱希特（Brechtian）戏剧和间离（Verfremdung）理论的作品中，表明了停顿（Halt）的必要性，这包括日常生活中的歇息或史诗剧中的暂停。间离与自反性相似，就我们而言，活动的暂停，让本来不存在的家得以存在，激发了旅途中的很多故事和传说，让我们反思体验的质量。在实地调查时打电话回家和在度假时打电话回家，形式上差不多。在公用电话亭里，我们听到了其他许多类似的对话。如果没有停顿，没有关注其他问题，就不会有自反性。在青年旅社的夜晚，我们和其他游客有时会忙于关注家里的事情，写明信片和写信，会暂停正在进行的研究去回顾过去和展望未来。我们在第二部分将再次谈到旅游活动中的这些内容。讨论这些"薄空间"及其对打断和了解日常惯例所发挥的重要性，也意味着在研究中很有必要解释自反性的特点及其存在形式。

在本章中，我们的论点和重点是自反性的物质生活对人种志研究和旅游活动的重要性。我们将研究所获得的体验，即自反性带来的感官和情感方面的变化。物质关系能促成旅游活动，也能促成自反性实践。在《帕斯卡利的冥想》（*Pascalian Meditations*，2000）一书中，布尔迪厄明确表示，脱离物质需求的约束是形成学术性格的前提。根据布尔迪厄的观点，自反性很重要，因为它在长期的研究中并没有忽视让旅游带来暂时"休闲"的相同的社会和经济条件。

二、自反性的物质生活

我们的工作主要包括一起旅游、一起研究和一起写作（含个人写作）。因此，我们在本章所概述的是一种新兴的研究方式，它通过研究者、参与者和他们所制定的象征性和物质性空间之间多重的、自反性的交流得以构建和实施。故而，我们强调把方法论视为一个与个人和社会相关的过程，它能用文字表达出来（Clifford & Marcus，1986），也能以自反性的方式感受到。我们所用方法的关键在于交流和对话，这不仅是为了反映研究的具体内容，而且能作为一种记录和后期审核自反性实践的手段。交换行为是具体的社会活动和自反性活动，能引起情感共鸣。讨论交流以及讨论物质生活意味着关注知识构建的相关条件，从而把旅游学中核心的、与文化相关的理论变成研究实践。

这些情况似乎与认识论的问题有关。然而，当夜幕降临太阳快落下海平面时，当我们合上笔记本谈论更加丰富的话题时，就在这些一天中的"薄空间"里，我们的关系就变得更像朋友、更像同伴，而不只是同事或像在同一个地点集合开始一天旅行的散客。我们的停顿不是为了睡觉，而是用于不需录音的交谈。当我们不再谈论知识构建而关注生活其他方面时，我们在以不同的方式体验研究。

我们有机会去暂停、去回味过去的一天，思考现在的生活和即将到来的工作。在这些通常不被记录的"薄空间"中存在一个矛盾，因为它们也具备"厚描述"的潜力。在这些时间段，我们可以给自己一个梦幻般的感知体验。用布鲁格曼（Brueggemann）的话来说，就是那种"能远离敌意、竞争、贪婪和不安全"的在家的感觉（Brueggemann，1999：50）。这里说的自反性与停下来思考完全不同。这的确是一种暂停，但它可以让我们暂不关注当天的旅游现象而去关注其他事务。一天当中，我们有些时间不进行反思，而此时正是我们进行自反性实践的时间。现在我们来解释一下如何去理解"自反性"（reflexivity）这个术语。

三、自反性

"自反性"这个概念表明了社会科学对社会文化和政治条件的关注，而所有形式的知识（学术的和普通的）都是在这些条件下构建的。具体而言，它代表了一种看法，即要获得知识，必须具备获得这些知识的相关条件。例如在关于话语的概念中，福柯（1978）认为，知识建构所涉及的概念、语言和社会实践（即话语实践）有助于解释、界定和掩盖对真相和知识的替代叙事。因此，这些概念和语言实践是探索真理的条件。对这种真相构建的认知是自反性的具体内容，但是自反性到底是怎样的？它以一种还是几种形式呈现？自反性是一种能帮助知识达到"纯粹的""无条件的"境界的意识流吗？例如在我们这个实地调查中，什么是其活跃的物质基础？

自反性似乎惯常被认为是根据数据执行的一种行为或活动，特别是它已通过各种理论叙事构建之后。这是否有点像默哀一分钟来反思，而不是悼念报道中的死者？或像逃离犯罪现场后马上阅读学术文献中对尸体的描述？人们可能会关注这种自反性出现的时间是否准确。正如克里彭多夫（Krippendorff，1994）和梅（May，1998）用大篇幅阐述的，自反性不是一种根据数据执行的试图捕捉和"删除"政治突发事件的行为。自反性是在社交活动中我们参与实践时不可缺少的一部分。也就是说，自反性已成为我们参与社会生活的内容之一。基于这一论断，梅概括出两种完全不同的理解自反性的方法。鉴于自反性这个概念对这项研究很重要，有必要详细引用梅的观点（May，1998：157–158）：

内生自反性（endogenous reflexivity）是指某特定群体的成员的行为对促成社会现实本身的方式，这不仅包括要理解生活世界中的解释和行为是如何促成社会现实的，还包括要了解社会科学界本身的相同的方面。因此，内生自反性与我们对当前所处的社会和文化环境的认知有关。……为此，我们必须增加参照自反性的维度。这里指的是社会世界中的人所展示的自反性和作为社会科学界一部分的研究者所展现出来的自反性触碰后出现的结果。因此，参照自反性是指通过接触生活方式和观察社会世界的方式而获得的知识，而这里的社会世界与我们自己的社会世界是不同的。这种话语知识的构成及其对社会实践的启示让人们能够了解动作发生的条件。

换句话说，自反性的一种形式存在于人们不需要思考、习惯性做的事情中。列维－斯特劳斯（Lévi-Strauss，1962）在其著作《野性的思维》（ *La pensée sauvage* ）中详细论述了这样的现象。另一种是只限于小圈子的自反性，它存在于学者们对研究对象的处理过程。在我们看来，两种形式可能同时发生，它们不会在时间和空间上有明显的区分。这种区分与巴特（Barthes，1970，1975）将可读性和可写性定位为与文本和阅读接触的不同模式的做法相同，我们在下文（第二部分）会有更多介绍。

举个例子，游客和旅游人种志研究者都需要使用公共厕所。然而，人种志学者在洗手间里可以找到大量的可供反思的素材。在这些有跨文化生活的"厚旅游空间"中存在大量交流，我们就会接触到大量的文本、人员和物品，这些因素可以促发很多情感、反应和交流。洗手间里面有多种语言版本的关于处理垃圾和卫生产品的通告，我们与其他人近距离接触，因空间狭窄要进行协调，共享水龙头和烘干机。至少对女性来说，这些动作后会常伴有对话。上厕所可能是一种为了回应对社会和文化环境的认知而发生的行为（那里有一个厕所，因此我可以去使用）。

需要重申的是，这两种自反性在现实中很难区分，但忽略任何一种都会将用于知识构建的话语实践模糊化。因此，可以说自反性是一种概念，它使我们注意到将本体论和认识论转换成研究实践时方法论带来的挑战。

对于我们来说，构建一种"自反性的方法论"的核心挑战能够记录并随后展示那些重要的有助于建构旅游知识的自反性实践。同样，我们关注的问题有：我们的方法论是怎样建构的？是在哪种条件下建构的？我们的自反性实践是如何成型的？通过记录我们的谈话和交流，我们至少试图将自反性实践，即一起旅行，展示出来。下面内容是对这些问题的探讨，问题均来自对话的录音文本。

四、作为关系形式的自反性

人类学研究的传统表明，人种志研究者在实地调查中一直是核心的人类（研究）工具，是收集数据的关键"容器"。根据这一惯例，方法论可以视为一种"活动"，它由具备自主权的人种志研究者实施并具体化，这位研究者将依赖实地和"他者"提供研究材料，同时也完全依赖于享有特权的"自我"来进行后续的知识建构。传统上，参与观察是人种志研究者进行研究的必备的核心方法（Agar，2000；Conquergood，1991；Hammersley & Atkinson，1983；Marcus，1998）。

近几十年来，学者们对人类学及其相关观点的解构研究（Clifford，1988；Clifford & Marcus，1986）让人种志研究呈现不同的观点，以不同模式阐述实地证据（Clifford，1988）。人种志研究者现在通过对话、意义谈判，在叙事中以不同的呈现方式插入个人的立场或偏见让自己的观察有价值，而不是毫无置疑地接受无所不知的观察者——上帝的观点。这些方式不只参照传统的人种志实地研究报告的写作风格，也参照了博物馆的展品、诗歌、照片和多类媒体，这让人种志研究者以不同的方式参与研究，也让他们的地位至少在理论上"去中心化"。

在现实中，这种在写作时能调动不同模式和情绪的能力有助于进一步树立人种志研究的权威，特别是在这个重视多义性的时代，善于调动创造性和自反性实践的人将得到更多的文化资本。自反性本身或那些展现自反性实践的人都会获得赞扬。现在所有称职的人种志学者都认同自反性实践。通过讨论自反性，对于实地的"厚描述"现在已经丰富多彩、绘声绘色，所有这些将继续提升人种志研究的影响。

我们认为，我们的这项人种志调查在目前来说还是很合适的。我们也有图片和全程可以使用的文字处理设备。我们这样做的目的是将人种志研究中看不到的做法展示出来。通过关注自反性，我们至少在本章中，对"薄描述"，对不属于人种志研究重点内容的灰色区域进行了探讨。也就是说，我们探讨了自反性的物质条件和那些对实地影响很大，但又在实地之外的关系。

离开格拉斯哥郊区，我们在向北驶往威廉堡（Fort William）的汽车上进行了热烈的学术讨论。可以从录音原文中看出我们的想法。我们需要关注每一个细节，需要以"访谈"的形式与游客进行自发的聊天和简短的交流，需要像游客一样参与旅游活动，需要自始至终反思我们的所作所为和想法。我们想让调查进入良性"节奏"，利用交流来指导我们的调查方法，重点是让我们遇到的游客来引导调查。我们被引导的第一个例子发生在星期天，那是我们抵达斯凯岛后的第二天，艾利森的父母碰巧也在岛上度假。他们向我们介绍了岛上最热门的景点、遇到过的不同国家的人、听到过的不同的语言。作为反思性的游客，他们对自己与其他游客的跨文化交际的形式和内容进行了反思。

> 艾利森：那里没有很多外国人吗？
>
> 妈　妈：不，没有，但也许他们在白天才去那里。
>
> 爸　爸：是的，你应该去喝杯咖啡，也许他们会顺便进来。我认为你只能在那里找到住宿信息，但那里不是……
>
> 艾利森：但不是信息中心。
>
> 爸　爸：是一个关于斯凯岛的展览。
>
> 妈　妈：但正如我说的，我们在大广场的那个饭店吃了三顿饭。那里的客人来自不同的国家。你应该进去看看。
>
> 爸　爸：你可以吃到很棒的新鲜的斯凯岛鲑鱼沙拉。
>
> 妈　妈：他们关门了，最后的接单时间是七点，他们说的七点是

指上午十点到晚上七点。

爸　爸：我想，当德国人在下午三四点钟喝咖啡吃点心的时候，是你该去的时间。

妈　妈：是的，我也认为那个时间段很合适。

艾利森：这很有意思。

妈　妈：我们在那里吃了一顿美餐。

艾利森：当我们住在附近的某个酒店时，我们会去那里看看。

妈　妈：但是不要只看菜单，他们有一个卡片告诉你当天的特色菜，如果饭店外面没有写，你在里面肯定可以看到。我们在那里吃了两种很棒的鲑鱼沙拉，特别好吃。那儿肯定有很多欧洲大陆人。

即使在与艾利森父母最初的交流中，"确定"研究方法也至关重要。简而言之，它并不基于我们作为研究者的自主权，而在于我们的关系性和中介式交流，比如孩子与父母的关系，我们的选择将自己又带回起点，父母在孩子们工作的地方出现让孩子们感到特别尴尬等情况。在我们努力做实地调查时，父母在坐船游览时也一直在"观察游客"，因为他们觉得我们运气很好，能拿到这个"轻松的"研究项目。这次与父母的交流给我们接下来的研究带来了一个特定的视角。加文现在把艾利森的父母看作能够坐在露台上喝茶、参与谈话的普通人。当谈到艾利森小时候度假的故事，艾利森父母的观点在这项研究中就没有必要再仔细描述了。我们在吃鲑鱼沙拉时，还特意回顾了这些对话。

不过，如果将研究过程中的这些细节展现出来，会让人感到不安，同时会让人觉得这种做法有点越界。如果研究报告不提及与艾利森父母会面的经历，也不认可他们在观点拓展、项目构建、行程安排或论文定题上发挥的作用，这样的报告或许更容易完成，并且同样可以写好。父母不应该出现在人种志研究报告中，除非是研究对象的亲属，但是父母绝不能是人种志研究者的父母。讨论数据收集方法时，很少讨论私人生活与所调查的实地在社会层面的交织。然而，从心理动力学的角度来说，亲人巨大的情感投入会明显地影响数据及其梳理，同时也影响我们作为人种志研究者在其他人身上观察到的关系，其实这些关系为了维护"纯粹的"人种志的观点，在我们自己身上也经常体现。

于是在研究过程中，我们一直被引导。据此，可以认为，即使在本研究的早期阶段，"参与观察"这种必要的方法所覆盖的内容也并没有包括"人种志调查"过程中我们所有做过的事情（Rose，1990）。罗斯（Rose）认为，对实地生活和研究者生活的严格区分以及人种志研究的紧凑安排和规划无法触及研究的核心内容。就此而言，我们这些自反性的实践以及对艾利森父母所扮演角色的认知跨越了传统的方法论和实践，因为每个人通过在实地关系的互动已融入彼此的生活中。我们聆听彼此的故事，随着时间推移，这些经历和记忆会融入自己生活的不同空间中，融入不同而又相似的故事以及共同的记忆里。因此，我们作为实践的交流是建立在相对的关系上，而不是在研究者的主观思考上。

然而，这种相对性有利也有弊。作为其中的一部分，我们需要被他人记录，得到实地调查对象的认可（Augé，1995），就像我们需要认可其他人一样。如果不这样的话，人种志研究就好像没有成果。正如罗斯（1990：45）在建立"基础人种志"的呼吁中所解释的那样："它不存在于批评中，而是存在于实地能提供的东西所处的关系中……。跨越边界的关系比方法论本身更重要。"罗斯的这个观点至关重要，因为它在许多方面能让人种志学者的研究方法不受其自身作为人种志研究工具的束缚，而参考所处的具体空间，参考布伯（Buber，1954）的"对话性"（dialogical）和英戈尔德（Ingold，2000）的"相互间"（interagentivity）的概念。这种关系性的形式的一个特色就是叙事。

五、作为叙事形式的自反性

我们到斯凯岛的第二天是个星期天。这天下午，艾利森的父母讲述了一些当地游客的故事，这让我们特别兴奋。按照里德（Reid，1992）的说法，我们已"把追寻各种故事作为生活的目标"。我们似乎过早地被斯凯岛所征服，特别期待即将开始的工作，这似乎有些出乎意料。在言语和情感上，我们都迫切希望有某种形式来归纳和梳理所经历的那些不同类型和不同性质的交流。

形式或许不会让人感到熟悉或整洁，它可能令人感到沮丧、凌乱、困惑、模棱两可，但无论如何，它都有一个既定的框架结构。本书的形式力求反映人种志的一些形式。雷蒙德·威廉斯（Raymond Williams，1977）指出："形式的每个元素都有一个活跃的物质基础。"要从现实的和充满"知识素材"的旅行袋中拿出什么东西并使用，还取决于人种志调查过程中的经历、交流和互动，因为这些大都是我们意想不到的，并不知晓的。

我们的调查研究经常需要暂停。我们需要"记录"那些临时的经历并留下"印记"，这样我们才可能理解它们的意义，评估其重要性。带着这种想法，我们的自反性实践有了一种特殊的形式：叙事的（narrative）形式。简而言之，我们渴望得到一些"薄空间"，在这些空间中我们让形式出现，同时也可以暂停。这种构建结构、留下文本记录、暂停的需求正是叙事的一部分，即同时梳理当前叙事中的表现和过去的交流。叙事让我们能够把控大量的交流。正因如此，我们渴望这种形式（Reid，1992）。正如本·奥克瑞（Ben Okri，1997：113）：

> ……当我们在一个故事中植入某种经历或混乱时，我们已改变了这个故事，让它变得有意义，同时我们也改变了经历，平息了混乱。

我们感到负荷过多，这说明有必要把来自原始文本和深刻感受的经历转化成结构清晰、在情感上安全的故事。需要记住的是：即使千头万绪，还是需要将它弄清楚。为什么这样做很重要？难道这不是来证明方法论实践的相关性的更多证据吗？虽然我们自身的交流有相关性，就像同艾利森的父母进行的交流一样，同时这种交流包含了叙事，但是我们认为，这两种情形下出现的自反性实践存在差异。

这种差异在于我们对自己叙事的了解，在于我们在有意地将交流重建为叙事结构，在于我们想要将过去的交流写成文字。我们经过人文学科的多年培训，了解社会现实中自己的"写作"（writing）和"笔迹"（écriture）

（Derrida，1976）。我们知道有必要构建自己的知识——我们和这个实地的关联使之成为必备条件。我们意识到要去驯服"多样化的野性"（wildness of diversity）（Geertz，1973）。未来进行写作和分析的本体论条件一直都存在于实地调查中。如果不是为了写作，我们就不会以精确的方式准时地出现在那里。如果不这样，就意味着将观察方式归咎于客体，布尔迪厄在评论格尔茨（Geertz）那篇臭名昭著的分析巴厘岛斗鸡的文章时批评了这种做法。

这对梅（May）提出自反性的参照性形式有一定的启示。梅（May，1998：157-158）将后者定义为：

> 是指通过接触生活方式和观察社会世界的方式而获得的知识，而这里的社会世界与我们自己的社会世界是不同的。这种话语知识的构成及其对社会实践的启示让人们能够了解动作发生的条件。

我们收集的数据让我们可以区分这种相关自反性形成的条件。相关自反性本质上是一种社会行为的不同形式，至少在我们的数据中，它显示了关键时间和空间的偶发性，而这种偶发性在很大程度上是由实地中的关系所决定的。

在研究过程中，我们多次回到红奎林山区（Red Cuillins）的"薄空间"里，即常去的那个安静又宽敞的咖啡馆。我们在这个空间聚在一起，可以思考、表达、休息、暂停数据收集，并且进行写作，远离干扰，尽管里面的每个地方都有"厚描述"的潜力。鉴于与艾利森父母的交往涉及通过交流的叙事，本章前面详细描述那几次交流展示了"用叙事呈现交流的做法"。我们已有适宜的时间与空间用于写作。这是一种情感结构，一种"溶解状态中的社会经历"（Williams，1977）。

六、作为合作形式的自反性

在理论上和实践上，我们的研究已被证实是一种有意安排的合作项目。

我们不希望太多关注自我，沉溺于彼此的故事和产生研究成果的合作方式——这样做也许能讨人喜欢。然而，如果与人类学研究的"实地"相比较，可以说我们的研究是学术合作的产物。同样，我们的自反性实践也类似于合作实践。

马歇尔·萨林斯（Marshall Sahlins，1972）的研究分析了亲属关系，他得出的一些结论可用来讨论叙事交流，包括我们自己的交流。他证实社会"距离"，即亲属之间的接近程度，决定了不同交流关系的性质。亲属关系越近，个体之间就越不会损人利己。为此，他认为针对兄弟姐妹的盗窃行为比针对陌生人的盗窃行为更令人憎恨。这与我们之间的关系有某些相似。最好的合作研究也可能受到研究者之间的交际困难的影响。我们自己的经验表明，至少从理论和方法论的角度来看，我们的学术能力相似，这为公开、诚实以及合作共赢的尝试提供了一个中介式空间。根据我们的经验，相似的学术能力在过去和将来都是合作的一个重要原因。

奥格（Augé，1995）认为，超现代性（supermodernity）让我们有可能在新的社会和文化关系中重新审视那些旧的人类学概念；人类学不应担心它独特的观察世界的视角不能给分析当代全球化社会提供参考。相反，他认为只要我们继续探索这个世界的宏观问题，这种亲密关系还会重回我们身边。我们也可能以同样的方式，在旅游活动中、在自反性人种志调查中、在学识上找到这种关联。

然而至关重要的是，我们并不认为在协作中取得了相同的成果，或者在任何地方得到了对等的利益，于是我们的关系是互惠的。我们的合作可分为很多种，其本身也是基于不同的交流。伊恩·里德（Ian Reid，1992：4）表明了这个观点。他写道：

> 即便是在初级阶段，都需要两个人来进行交流，对其中一方有用的东西对于另一方很少有同样的价值。给予和索取行为很少形成一种平衡的主体间的互惠模式。与之相反，让·鲍德里亚（Jean Baudrillard，1975：75）认为"交流并不根据对等原则进行"。

我们的交流也同样没有按照鲍德里亚提及的等价原则在进行。在到达斯凯岛的第四天，也是一个周三，在那天晚上，我们进行的深入讨论最能体现这一点。在这四天中，我们坐一辆车，一起与别人交流，一起经受炽热的阳光，一起经受饥饿、疲劳，同时也都意识到，尽管我们有相似的研究兴趣，但是在某些基本方面我们还是不同的。我们对此进行了长时间的交谈，讨论了彼此之间的差异以及它们对这项研究的影响。

除去反思文本和叙事作为实践媒介的重要性，我们的自反性实践还包括将社会关系暗中的活动描述下来，这点很关键。我们的自反性实践不只是一些文字、文化构建和纯粹的虚构，它们还有其他方面：让我们很累，对我们要求很高，让我们满身汗臭，时常让我们烦躁，准备食物、饮料、休息、蛋糕。这些实践包括在山区长时间徒步、背着大包、寒暄、长谈，还有在鼾声起伏的宿舍度过不眠之夜、情绪不佳和身体不适、脚起泡、跳八人里尔舞、吃更多蛋糕的经历。自反性实践是基于历史的、是具体的，需要通过研究者的亲身参与和文化思考才能实现。

由于这项交流的人种志研究有其物质性，我们在自反性实践中意识到用纯文本的方法去理解有很多缺陷。对于我们来说，自反性实践有特别明显的物质形式。我们能感受到收集的数据，感受到它丰富和强烈表示的不可能性；我们能感受到人们讲的故事。我们的方法论文本受其物质形式的负面影响。协作是物质性和分享性的。方法的使用完全是一种人类活动，并且主要取决于它在形成时所处的人际关系。当对这些因素都了解后，让我们开始去旅行吧——就从在家中收拾行李开始。

第二部分

打包旅行包

第四章　行李打包

一、关于行李打包的话题

　　亲爱的、珍贵的读者，每年秋至，落叶纷飞时，我都会被苏格兰所吸引。当你读到这些文字时，毫无疑问，我已开着大众面包车，带上行李去到那个迷人的地方。而这就是我今天想要与各位分享的内容——我的"打包狂欢"！

　　应该提前声明的是，我的生活以面包车为中心。这意味着，我需要的每件东西都要有其摆放的位置，其他很多需求（如吃饭，睡觉等）也同样如此，各有固定的位置。出发前要严格要求自己，因为接下来在苏格兰五周的旅行，包括爬山、徒步、去孤岛等，都需要大量的装备。我们启程吧——但不要太着急。首先，我列出清单，往里加东西，又划去一部分，又把一些划去的重新加上。我又把衣物、炊具等分好类，叠好摆好以后，发现自己还是不满意，于是又叠了一次。

　　这种情况持续了几天。

　　最终临近出发前，还需要在面包车里腾出空间。在所有能想到的东西均已打包的情况下，这注定是一项不可能完成的任务。就像我崇拜的墨菲先生所讲的墨菲定律一样，当你打开了一个装有虫子的罐子，你就会需要一个更大的罐子才能把这些虫子装回去。于是，又把所有东西重新整理一遍——在这个紧要关头，致命的问题出现了——我在整理时，又想到一些新的、不得不带的东西。

　　经过很长时间，在我累得快虚脱时，总算把所有东西整理好了。马桶放在车顶，工具放在椅子下，等等。事实上，我估计在苏格兰能找到需要的东西全得靠运气。最后一个可以离开的时机总是在将行李打包好的前一个小时（毕竟在阿姆斯特丹还是有渡轮坐的）。所以我飞快地驶过德国，就像在赛车一样，同时我也想到一句充满智慧的话语："离开总在匆忙中"（http：//www.zebra.or.at/zebrat/41artike17.htm）。与我们从德国一篇网上旅行日志中看到的一样，打包行李是很多故事的主题。行李打包的故事，就像旅行中的其他故事一样，有大有小，有些是芝麻小事，有些却是生死大事。

在本章及后面包括这项内容的两章中，我们将通过收集数据，从理论上探索行李的物质的和非物质的元素，因此这部分的基调就是设置悬念。本章与行李打包和准备的各个方面有关，将关注出发前就已开始的另一些"旅行"。它的重点是我们所说的"准备工作"和日常惯例的改变，特别是从家中生活到游客生活的改变，这是旅游的一部分。"准备工作"对本书所讨论的问题十分重要，因为它让我们能够对工作和休闲两者的关系提出问题，我们还会在第三部分讨论该话题。

在本章，我们参考了旅游研究之外的多个领域的文献，并且继续前面章节已开始的工作，即用不同的概念来诠释我们对旅游的理解，既有一般的角度，又有具体的角度。我们在本章谈到文化行李，目的是区分放在旅行袋中的物品和其他无形的文化内容，如储存在记忆里、心里、经验里和身体里的语言、态度、教育、知识、研究、阅读、故事和传统等。按照惯例，所有这些都已被纳入文化中的人类学范畴，尽管这种分类方式还存在一定的问题。

我们并不是说，这些非物质的文化形式不含有物质元素。口头语言当然是身体所携带的，也是由发音器官说出来的，因此也有一定的物质特性。然而，为了（暂时）能够解析清楚，本章会区分物质性和比喻性的行李定义。我们的调查以研究行李打包的定义开始，将探讨根据收集的数据和已有体验所提出的具体的和一般的问题。在进行更为广泛的文化讨论与分析之前，我们将展示行李中的一些物质性和文化性的物品。

二、整理打包

Pack（打包）：

    1. 为了运输或贮存将（东西）合并放成一捆、一盒、一袋。

    2. 紧紧地放在一起，挤在一起。

    3.（把东西）用一些压过的圆形物包装起来。……

    5.（把包、盒子、箱子等）用衣服装满。……

    9. 带着某人的行李离开。

——《牛津英语词典》

就旅游而言，行李打包不仅是为了运输而将东西捆在一起、装在箱子或旅行包里，也不是仅将一堆东西放在交通工具上——自行车、小汽车或某人背上，来维持假期中的日常生活。对于游客来说，行李打包不只是为了确保所带财物的安全，或是在离开时用旅行包装满东西。行李打包，对于游客而言，既是本体论的，也是认识论的。换句话来说，这是一种行为，它涉及我们如何理解自己在世界上的存在方式，也涉及我们如何用自己对于世界的认知来影响自己的行为。它是一种私人行为，也是一种针对我们所认识的、所想象的世界的一整套完整的表演。

物品的具体情况会对打包过程产生一定影响，尤其是有特定形状和科技特点的物品。比如说，很多人知道某种有名的沐浴露在运输中会渗漏，于是在打包时就会采取特别的防护措施，而其他品牌就可能不需要这些措施。其他被打包的物品，像 T 恤，是更为普遍的物品，有其物质形式，能描绘出人体的形状和尺寸。

研究者也很关注行李打包。我们在打包时都会丢东西，有时也分享打包的经验，学习新的打包技巧，在做研究时谈论打包的话题。打包的方式和用什么来装行李，让我们想起以往的旅行经历以及过去和现在的生活经历。就像我们所说的：

"我在一次开会时得到这个包。尽管是赠品，但出乎意料，的确好用"。

以及

"我买这个包是应急用的，当时我正要去徒步，旧包上的带子断了。这确实值得买。"

在我们这项人种志研究的过程中，行李包引发了许多故事，第五章将详细讨论。行李中的物品也是如此。有一次在饭店停车场检查汽车后备厢时，我突然发现自己把一些非常重要的药品落在刚离开的小旅馆里。当时我特别恐慌，还恐慌得也许有些过头，但这次经历让我明白，在旅途中人的心理很脆弱。

为旅行打包行李与为实地研究打包行李相似。我们的行李袋中也装着许多空容器类的东西：文档、文件夹、盒子、空软盘、新胶卷、空白笔记本、装满墨水的钢笔和削好的铅笔。我们认为，这些东西有助于收集资料和参与观察，于是就把它们全部装在行李袋里。我们同样期待并想象这样的未来：在与旅游相关的场合收集资料时能够"随时找到想要的东西"，这些东西在写作或分析过程中也能很方便地拿出来又装回去。

这些对行李打包的观察以及开头所说的打包狂欢，令我们不禁要问：行李打包是如何让我们迫切地想去控制、塞紧所带物品并马上出发的？就旅游准备而言，洗衣服、削铅笔、买新东西、列清单、筛查、堆放和分类这些行为能告诉我们什么呢？更重要的是，就我们的目的而言，行李打包能告诉我们跨文化交际中的哪些内容呢？

三、我需要带什么

行李打包需要很多建议，而它们通常能在网站或旅游指南中找到。如果要去一个相似的地方进行一次相似的旅行，我们会打电话向去过的朋友或家人咨询，这已是打包时的惯例。"我需要带什么？"是一个因为担心、没有安全感、不确定感而产生的问题。其实，所有这些情绪都是出发前期待感的重要组成部分。同样，在为打包焦虑的同时，你也相信有人知道需要带什么、有人能够提供建议。

尽管市场上的旅游指南有行李打包的建议，但总位于书中不起眼的地方。尽管查询网站和向朋友电话咨询时提问的顺序不同，但它们都与百味餐（potlatch）的原则一致。百味餐是一种分享式的聚餐，每个受邀人都带几样菜来组成一桌筵席。在这样的背景下，该带什么这个问题更能引起我们的兴趣，因为它与交换的性质和实践，尤其是知识和信息交换这些更大的话题有关。我们可在后文看到，尽管网站和组团的旅行社总会给出一些度假必备物品的清单，但提供打包建议的形式并不只是给出需求物品的清单（http：//www.traveltoscotland.50 megs.com/packing–list.html）。互联网论坛上给出的建议，就像给朋友和家人打电话咨询一样，体现了一种可以自由的、在不同文化间交流的另类知识经济。让我们先看看网上的一些建议。

下面列出的材料来自一个名叫"virtual tourist.com"的网站（http：//www.virtualtourist.com），它包含一个完整的栏目，标题是"行李清单"。所摘录的内容是到苏格兰旅行的一些建议，由发帖人按类型整理。

衣物 / 鞋子 / 防寒服

带上在雨天能够穿戴的衣物！因为这里总下雨，不过苏格兰就这样——但是不管是雨天还是晴天，风景同样迷人！

小心！你在这里一天中会经历四季——这在苏格兰很常见——最近我们就有这样的经历：上午9：30时下了10厘米的雪，但在午饭时间就没雪了——因为在下午前，下了雨，把雪冲走了，后来又打雷，接着又下冰雹，最后还出太阳了！

化妆品和药品

如果你在夏天往北走，尽量穿长袖上衣和长裤——尤其是在摇蚊出没的黄昏！它们是非常小的蝇虫，成群结队飞来飞去，叮咬你后，就留下许多红点，让你感到很痒。

摄影设备

这种旅行一定要多带一台相机。我的新数码相机掉到海里后就不能用了，还渗出绿色的东西。所以在剩下的几天里，我的老佳能相机派上了用场。很开心当时我决定把它带来。

衣物／鞋子／防寒服

要带一把伞，以防万一。我很幸运，在西海岸的那段时间只下过两次雨。

带上你的舞鞋，也许有人邀请你去参加当地的同乐会。

化妆品和药品

带上一瓶质量好的驱虫水，不然你会被那些摇蚊活活吃掉！它们确实有牙齿！

科林风笛乐队一个成员的妻子在乐队成员的苏格兰短裙下喷上了雅芳牌防蚊喷雾，好像很有效。我很幸运，没有被蚊虫叮咬，但其他人就没有这么幸运了。

衣物／鞋子／防寒服

一定要带上一些保暖衣物和一件质量好的防雨夹克。我们发现伞是没用的，因为伞很容易被吹翻。

摄影设备

多带胶卷，因为用得特别快！

行李箱和手提袋

在大城市里到处都有扒手！如果你要背双肩包，包里一定不要放贵重物品。时刻留意谁在你身后，跟了多久。

此外，旅客商店很小，背个大包在里面走，很不方便。一个挎包或钱包是必备的。就行李箱而言，带上你认为最舒适的那一个。行李箱的轮子一定要好，因为你可能需要走一段才能到酒店。

衣物／鞋子／防寒服

即使在夏天，苏格兰一般也都凉爽湿润。务必带上雨具，否则你会被淋湿。

如果你打算在山中徒步，网球鞋是很好的选择。不同的是，在城市里什么是都有用的。

化妆品和医药用品

一定要带上急救包。那里的药相当贵！

摄影设备

一定要多带胶卷！那里的胶卷竟然要 15 美元一个！我拜托你，一定要带上胶卷！

另一个网站提供了更为详细的描述和故事，回答去苏格兰旅行要带什么东西。

不要受只想开车的懒人们的蛊惑，而错失到苏格兰骑行度假的机会。目前的时间很合适。我去过爱尔兰两次，都是在 9 月份，去过苏格兰一次（待到 10 月初），都待了大约 5 周。在这段时间里，天气相当好。当然，有时会下雨，你需要随身带雨具。9 月末会比较凉爽，但不算冷。要注意你的雨衣不要像一个防水的塑料袋，因为那样不透气，你会变得满身大汗。你当然应该提前（在德国）试穿一下你的衣服！我喜欢 Trangia 牌酒精炉。它不容易被风吹灭，当然每个人都有自己偏好的品牌。你好！去斯凯岛的潜水者（一个发邮件的人），你难道不带帐篷就去那里了？！难道这是因为没有帐篷，就没有洪水了吗？带上帐篷，没有问题，但绝对不是廉价超市卖的那种 8.95 英镑一个的帐篷！你的睡袋至少要天气在零度以下才能睡得舒适（如果想要睡袋更舒适的话，按照制造商建议的温度再上调 5 度）。你还需要一块超轻气垫，不用像床垫那么大——你最好找点柔软的混纺纱布，用来应对冷凝。不论你曾躺在哪里，或在帐篷的底层防水布上垫了东西，睡袋都会变得很潮湿。没有什么比潮湿的睡袋更糟糕的了。把所有的东西都放在塑料袋里，如果你的旅行袋防水效果不好的话！多检查几遍，看有没有小洞。登录 www.rad-forum.de，上面有许多旅行贴士，但在提问前，先用一下搜索功能。好好规划自己的旅行！啊，我多么想再去一趟苏格兰！

这些帖子内容丰富、建议多、很实用、很幽默，就像在讲故事一样。

有些是想象，有些来自亲身经验，都是酒店客人、旅馆主人以及游客给的建议。它们提供了各种实用的知识和经验。有些是高科技的，就像上面提到的，如何在露营或骑行时抵御苏格兰的雨水这种具体的建议。这些小贴士后面还附上了个人的故事和情感，比如"带上这种塑料袋，因为我上次旅行时，就碰到冷凝的问题"。

四、为虚构开启空间

根据利科（Ricoeur，1984）"为虚构开启空间"的观点，我们看到正在发生的事情，既是想象中的又是现实中的，基于具体建议的情节设置。换句话说，这些交流能减少差距，即通过叙事，以交流建议和故事的形式，减少生活中的现实经历和对这些经历认知之间的差距。因此，到过苏格兰的游客在网络留言板上交流的信息是很有价值的。

我们在此看到的行为是在叙事中构建有价值的实践知识。这些知识包含在各类叙事结构中，能为不同的目的服务。基于上文提到的留言板上的建议，同时根据对建议的分类（见表4.1），我们可以列出一个不算很详细的表格。

跨文化交际在旅游中出现并涉及游客身体和工艺品移动之前，已包含一系列先期的准备和交换。这些工艺品是游客展示自己的身份在旅游中购买并要带回家的。这种交际形成了自身的话语机制和叙事形式，正如我们从以上例子中所看到的（如"我们的雨伞被吹翻了"）。

这些不同的建议代表了对旅游主体和所谓的精神及情绪健康的关注。它们同样表达了一种对游客所收集的实物和经历的期待，尤其是照片，因为游客们通过照片能够形成自己的叙事，在回家后能自信地在交流论坛上提建议、讲故事。

我们所交流的那些有价值的东西是一种文化资本，它以某种叙事手法并作为专业知识而呈现。它免费给予建议，不需要回报，只需要一些想得到建议或用自己的方式点评的听众。它满足了里德（Reid，1992）提出的在叙事和交流中的双重渴望，同样真正确保了听众可以获得去苏格兰旅行要带什么、不带什么的实用信息。

表 4.1　征求和给予的建议类型

1. 展示
2. 担忧
3. 帮助
4. 令人放心的话
5. 回忆
6. 乐趣
7. 愿意借给别人东西
8. 友谊
9. 健康和幸福
10. 实用的贴士
11. 修辞和叙事的可信度
12. 控制

五、被打包的东西

在检查打包的物品时，我们发现了微妙而个性化的差异——这也是我们研究的内容之一，具体可以分为表 4.2 中的几大类。

要做好去苏格兰旅游的准备，带上这些物品是关键。我们作为游客，会对它们特别关注。我们需要这些物品，一定不能把它们忘记了。在打包过程中，当触摸到这些东西时，我们会感到安心，不再那么焦虑和紧张，并能想起以前在某个地方使用它们的情景。同时，我们也在想象未来以新的方式使用这些物品的情景。总之，对过去的回忆和对将来的想象在此刻交汇，仿佛时间可以装下所有物品并满足打包人的愿望。

表 4.2　被打包的东西

洗漱用品和美容产品
钱、手提包、钱包（设计特别的）
衣物
食物
护照 / 文件
装备——技术性的、专业性的
转换器
旅游指南、地图、信息手册
外语常用语手册
读物
记录设备——照相机、摄像机、电子设备、笔记本
宣传册
私人饰品、珠宝

　　"做准备"这个概念是指让自己、别人或某件东西准备就绪。作为一种活动和存在状态，它有明确的目标。我们认为，为行李打包所做的准备工作能揭示旅游的不同维度。

　　首先，整理好的行李有一套与所给建议相关的体系。这些建议来自以往的经历，来自别人所传授的打包和旅游的方法，其实在西方，人们在年纪很小时就开始旅游了。打包行李是一种学到的技能，会根据我们所设想的观众而有所差异，就像现场表演一样。不管是旅途中或是假期结束时，检查一下要带走的行李能说明我们以前打包的经历——技术是否熟练？知道怎么读地图吗？能够流畅地与人交流还是依靠常用语手册结结巴巴地交流？能买到牙膏、防晒霜之类的日用品吗？整理好的行李也能够说明对未来的期待——我们心中是否已有听众？我们是否愿意给家人写信、寄明信片或写日志以便为日后留下回忆？

其次，整理好的物品也能体现某些程序和那些让物品、让自己准备就绪的日常做法，其中包括为获得最佳旅游体验的清洗、准备、折叠等行为。我们找到的不是衣物或电子产品带来的舒适感和在家里的闲适感。相反，就像前文所说的，我们会检查行李袋上是否有洞，把铅笔削尖，多备些胶卷。我们希望，准备好的物品在旅途中可以带来最好的旅行体验。这里不容许有差错，我们必须提前准备好，否则我们可能被洪水冲走、被太阳灼晒、穿着不得体或无法记录这段旅行。我们行李中的物品以及清洗的仪式表明，我们即将离开这个熟悉的、有秩序的文明，并在未知的世界中创造出尽管时间短暂却崭新的文明。我们在这里谨慎地使用了"文明"这个概念，主要依据的是人类学的论点——认为污垢是一种无序的状态（Douglas，1966：41）。"如果肮脏是不相称的物质，我们就必须通过秩序治理来解决。"这种洁净的仪式是维持社会生活秩序的关键。

最后，我们看到一种更深入的投射，在此出现的是一种面对未知事物的焦虑感。这种感觉就是要对未知事物保持一定的警惕性。所以，打包行李时所选择的物品能在一定程度上帮我们维持某些标准，比如说个人仪表、教育、安全和健康。

于是，这些物品就变成布莱希特所说的，在戏剧彩排时"被拒绝次数最少的东西"。这就是说，这些物品是从整理行李、列清单、筛选、试用、淘汰等一系列"表演"中被最终选出的，能够确保最佳旅游经历的东西。就我们的目标而言，它们也是让那些被记录、可检测的信息成功展现和交流的东西。比如说，要特别留意前文打包建议中提到的丢相机的事情，或旅游时出现的丢失胶卷、相机镜头卡住、胶卷冲洗出错的状况，这些经常是度假的部分经历。

这里说的潜在灾难不是指生命会面临危险，而是指回到家不能真实地描述那段生活或文化经历。换句话说，就实物而言，处在危险中的是潜在的叙事资本，并且矛盾的是，这是一种对尚未出现、要假期结束后才有的对记忆的关注。

六、本雅明的书

本章的研究方法得益于本雅明对打开行李这一活动的描述。当然他的目的是通过反思、理论和实证分析以及递推来剖析行李打包这种活动。这种辩证是本章的核心，其结构可以理解为从准备和行李打包开始，到出发前为止。这些活动包括学习、消费和表演。

瓦尔特·本雅明（Walter Benjamin）在《开箱整理我的藏书》（*Unpaking My Library*，1973：61）一文中描述了自己在打开行李时的心理状态：

> 我正将书从箱子里取出来。是的，我正这么做。这些书还没摆在书架上，没有按照乏味的类别顺序摆好。……整理凌乱的事物会让人充满激情，而整理凌乱的回忆会让收藏者充满激情。

在新家打开行李或一回家后马上打开行李，对于本雅明来说，是一种受到存在的体验和回忆影响的活动。这是一种期待规则，但尚未体验规则的活动，也是一种在杂乱的物品和记忆中、把物品从箱子中拿出来时的随意性中出现的活动。这是一种充满激情的活动，在打开箱子时，在整理精挑细选的、充满故事的物品时，想到的故事变得越来越多：

> 最后一个箱子已整理一半，而现在早已过了午夜。其他想法而非我正在谈论的想法充斥我的脑海——不是想法，是形象，是记忆。我在回忆去过的城市时找到很多东西：这些城市包括里加、那不勒斯、莫斯科、佛罗伦萨、巴塞尔、巴黎；我回忆起在慕尼黑里罗森塔尔的大房间。我也回忆起那些装了这些书的房间，我的学生在慕尼黑的蜗居，我在伯尔尼的房间以及偏远的伊斯特瓦尔德。（Benjamin，1973：68）

我们在此并没有思考本雅明打包行李的经历，但的确开始理解私人物品拥有的力量和所产生的附加力量，特别是当它们被放入包中然后从包中取出时，以及当它们因搬动而变得有些混乱并勾起大量的回忆时。在打开行李的过程中，随着物品一件件从旧的背景中取出来，本雅明的心情是愉快的，甚至变成一种挽歌式的迷恋。

> 打开行李过程中最大的特点是你几乎停不下来。我是从中午开始的，直到午夜时分才能开始整理最后一个箱子。（Benjamin，1973：67）

打包行李与打开行李对应，是过程相反的经历。它意味着把私人物品暂时从家里带走，这种行为并不受人喜欢，而在打开行李时，游客会玩味、欣赏旅途带回的物件，同时头脑中涌现出一段段回忆。打包行李不是那么悠闲的，所选的每件物品还没有获得一种额外的崇拜感，还没有成为能触发叙事的东西，但由于还不知道故事的内容，所以打包不能容忍杂乱的记忆和拆开行李时造成的混乱。相反，它用"无趣的井井有条"控制了各种混乱。

本章从物质性的角度研究了行李打包这种行为，它既是理顺旅行准备工作的方式，又是实证研究中的真实事例。本章讨论了行李打包的方式、技巧和体系，从网络留言板和母亲建议等渠道探讨了从哪里获得打包信息，包括带什么、怎样整理。本章还探讨了这些信息背后的情感故事以及人们参与交流的方式。本章最后还探讨了这种行为的物质性及其与准备工作本体论的联系，因为知识是基于经验的，人们借此来做准备和保护自己。

此外，我们也说明了，尽管行李打包是一个现在时的动作，但实际上它能影响未来，如设想目的地的情况和期待不同的活动；同时也受过去的影响，主要是受已有的知识和回忆的影响。根据我们的分析，行李打包让我们想到与情感结构相关的观点（Williams，1977）和新的旅游时态及语法，我们在后面章节将继续讨论。

我们认为，打包行李这个行为值得仔细研究，因为它能从现实和想象的角度，以实例说明旅行前要做的准备。比如我们在度假时会说"靠行李箱来生活"这样的话，所以打包就是让我们为这种有诸多局限的物质存在形式做好准备。就我们的目的而言，研究打包行李让我们思考打包的内容和方式是如何展示一种正在进行的跨文化交际的。换句话来说，行李箱中的物品能说明，我们作为游客，期待并愿意去了解其他文化与语言。

对行李打包的思考也让我们反思自己是如何学会去想象目的地的情况、旅行中可能发生的事情，以及放入行李箱的物品如何反映我们在人生不同阶段所认为很必要的物品。比如说，在旅行中，孩子们根据自己的想法带的东西与监护人带的东西是不同的。然而，孩子们最喜欢的泰迪熊，尽管并非必需品，但如果忘带了或更糟糕的是在旅行中弄丢了，就可能毁了一个假期。我们常听到泰迪熊弄丢的故事，这反而变成旅游中最难忘的经历。下面我们来讨论发生在行李上的故事。

第五章　文化打包者

又是一个晴朗的日子。所有旅游指南中推荐指数为"五星"的活动是在半岛上向北远足 10 英里。我们一直都住在弗洛拉湾（Flora Bay），注意到和其他客人的远足装备有点不协调——我们只有两个水杯和一个磨损的帆布背包，而他们带了时髦的旅行箱。站在行李旁，我们感到有点尴尬和羞愧，甚至觉得不合群、不自在。

但在户外走了一段距离后，这些感觉不复存在了。背包很有用，用它来带装备既合适又轻松。身边的人和我们没什么差别，我们在这一天获得了大量的数据并和很多人进行了交流。我们不断地拿出相机拍照，也经常停下来，拿出小型录音机记录观察结果。然而，我们更多的是在交谈、观察、做笔记。我们在其他游客身上看到了行李打包和拆包的成果：他们穿着印有不同文字的 T 恤、不同种类的登山靴，拿着相机、地图、双筒望远镜、登山杖以及背着不同的包。人们使用的防晒霜瓶子上印有欧洲不同国家的文字。

有次我们穿过陡峭的岩石时，把背包剐了一下。这些印记一直还在，让我们想起晴天时在斯凯岛远足的情形。

一天下来，我们已是灰头土脸，汗流浃背。背包也布满灰尘，被汗水浸湿。路途劳顿，我们需要休息恢复精力。带的水已喝完，背包也轻了一些。吃过自带的午餐后，我们意识到还要为明天的旅程准备好食物并将其打包。我们的相机和双筒望远镜一直在用，不断地放进包里又拿出来。我们已经用完一瓶防晒霜，将小吃包装纸塞进侧边裤袋里，准备回去后再扔到停车场的垃圾箱里。

一、坐在行李箱上

前一章研究了行李打包是如何让我们批判性地反思度假前的准备工作，不只是将实物打包才能展现跨文化交际的多个物质的和想象的世界。打包行李是一种让人耗时费力、涉及实物的体力活动。一旦我们拿上包度假时，它们就成为可移动的旅行包，与其所装的东西共存于一种全新的、无法预知的文化背景里。背包和所装物品的内涵都随这种移动而改变，并可以赋予新的含义。

装好的物品拥有象征性的身份。这种身份并不是固定的，而是在不断变化的，并贯穿于整个假期的时空体验中。这些最终被选中带走的物品会拥有许多新的含义。这些物品在一次旅行的过程中，不管是否扮演了自己的角色，是否完成了指定的任务，它们在符号、感官、政治上都保持了能动性。本章的重点是装好的物质、它们的能动性，以及在旅游背景下所附加给它们的象征性的含义与诠释。本章的目的是把行李看作现象，探索它们是如何为我们服务、和我们一起参与旅游并参与跨文化交际的。

很明显，所有物品都可以有文化含义。然而，在某种意义上，我们出发去度假前也在"打包文化"。整理实物时的筛选、排序、选择的程序也可能适用于文化行李。"文化"，不管这个术语多么令人担心或充满随机性，它会不会最终被折叠、塞进或是被挤在行李箱里呢？当我们想让它在旅途中方便取放而坐着压它时，它是否也会被压扁呢？在第六章和第八章中，我们将从旅游指南及其使用、其在旅游中的功能等角度去探讨这些问题。第六章的重点是旅游的书面叙事，以及旅游指南的文本性。本章中，在讨论行李的含义后，我们将深入研究口头叙事以及将故事从行李和记忆中"拿"出来后，我们是如何让它们变得有意义的。换句话说，我们将研究实地调查中与行李接触的某些时间点，因为这些时间点激发了我们的情感、记忆和故事。

当我们在旅行中讲述故事的时候，物品总是扮演特定的角色并起着催化剂的作用，衍生出更多的故事。这些口述的故事，本身就是一种现象，就像是促成它们的实物一样，能够带来更深入的叙事交换。现在的目标是展示并从自反的角度研究这些现象。在此，我们意识到，当我们带着不管是口头的还是物质的文化去旅行时，我们所带的都不是抽象的或具体化的概念。正如艾布拉姆（Abram，1997）所说的，这种现象会出现，因为口头故事在写下来之后，就会偏离直接的感知和直接的物质共鸣。我们作为游客是移动的讲故事的人，接触到新地方但还没有用笔将这些地方记录下来，并留下对它们的印象。第六章将关注旅游的书面故事。

　　打包行李能产生物质上和比喻上的共鸣，旅行包也如此。令人感兴趣的不仅是放进包里的东西，旅行包本身也令人感兴趣。伴随着旅行和旅游业的发展，箱包种类和款式也层出不穷。行李打包时，我们可用不同的箱包，因此这些箱包的象征意义值得反思。像旧包、新包、帆布背包、手提箱、拉杆箱、肩挎包、能装进汽车后备厢的包、寄存柜、储藏柜、背包、肩包、臀包、腰包，所有这一切都有自己的故事，都是行李打包这项表演中的道具。

　　那么打包的人又算什么呢？我们要对选好并带去度假的物品负责，同时显示自己是"负责任"的游客和世界公民。这就是选择的作用，它既受到高度约束，同时也对其他事物产生约束力，或者至少尝试能如此。这项工作非常重要，就像是行李打包过程中产生的焦虑感一样，一旦有东西忘带了，情况会变得很危急，或者至少会造成不便。对于异性恋夫妇或家庭来说，行李打包在传统上已被高度性别化，因为这项准备工作一般都落在妻子或母亲身上。

　　这项工作可分为三大方面，我们已在第四章探讨过其中两方面，分别为：（1）满足度假中相关需求的责任；（2）讲述及记录以便回家后能顺利回忆的责任；（3）本章威廉斯所提到的情感构建（Williams，1977）。换句话说，就是持续的、自反性的工作，目的是弄清楚那些从家中带走并成为行李的物质的内涵。毕竟，行李这个概念只有我们在旅行时才存在。从定义上说，当我们在家中处于非游客的状态时，它们就不再是行李。

　　打包、行李和对它的诠释反映出某种感觉构造，那是一套溶解状态中的社会经历。

"情感构建"可被定义为溶解状态中的社会经历，它与其他社会语义构造不同。其他结构已经过沉淀，更加显而易见，也更容易被用起来……。作为溶液的"感觉构造"基本上与新出现的构造相关，然而这种特定的溶液不只是一种流变。它是一个有条理的结构，因为它正处于语义可用性的边缘，拥有许多形成前期的特征，直到特定的表达与语义图像在具体实践中被发现。这些情况经常以比较孤立的方式出现。（Williams，1977：133）

二、看到东西与读到东西

"旅行包"是拿在手上用来装旅行必需品的小包。

——《牛津英语词典》

《牛津英语词典》对"必需品"（requisites）的解释是：因情况所需，对达成目标很有必要的物品。在前面章节中，我们探究了行李打包是如何成为富有想象力的准备过程的一部分，这个过程将确定对于旅游这种"表演"，哪些是"最不能拒绝的物品"。需求、必需品、达成目标，这些因素都作为希望及期待出现在打包这个想象性的过程中。

沉重的帆布背包只是在斯凯岛经济游的一个物质特点。我们也拿着帆布背包，让背帆布背包的游客搭顺风车，也看到其他人背着帆布背包。我们在不同场合看到不同的旅行包，它们的便利程度各有不同。现在让我们来研究一下其中三种。

场景一：一辆最近洗过的、蓝色柴油驱动的标致306停在格拉斯哥一栋公寓楼外。行李箱内有一个深蓝色、中等大小的拉链手提袋，一个合成纤维的黑色手提电脑包，一个装有薯片、汽水和巧克力的塑料袋，一个精致并且显得很新的皮革公文包和一双结实的工作靴。这些物品属于我们调查的第一个打包人，被有序地放在左手边的地方。还剩余很多空间。现在又来了第二批行李，是被第二个打包人从二楼一口气抬下来的。其中有容量55升的紫色帆布包被调节成容量35升，刚好适合女性使用；一个磨损的适合白天用的蓝黑相间的小包，一个合成纤维的黑色电脑包，一双穿过很久的登山靴，还有一个小塑料袋，里面装着结实的水瓶、什锦干果、谷物棒、两根香蕉以及一根可放现金的腰带。

场景二：一排排自行车摆在斯凯岛的游客中心外面。在前后轮上都有订制的挂包，在车把上有小袋和地图盒。所有的挂包都是防水的，帐篷和床上用品都被堆放在自行车的货架上。

场景三：上午 10 点，弗洛拉湾酒店接待前台旁有几堆行李，包括拉杆箱、名牌皮革旅行包、毛毡旅行袋、西装保护套以及高尔夫球杆包。行李员已就绪，准备帮客人把行李搬到他们的车上，车型有梅赛德斯、奥迪及其他豪华款的小汽车。

就像其他装饰物和商品一样，也可以从社会和文化的视角对旅行包进行诠释与分类。它们与特定人群的关联，以及日常的打包和拆包的行为让它们成为具备社会及文化意义的载体，人们对其也有各种不同的解释和分析。这些分类，尽管是易变的、暂时的，但都经过仔细分析和即时处理。换句话说，它们既属于正在使用的实用知识，又属于正在使用的想象知识。按照格尔茨人类学的传统，我们可以把旅行包理解为"文本"，可供以不同方式参与旅游的各类人阅读。

图 5.1　满载行李：停在岛上一家咖啡店外的观光自行车

73

巴特（Barthes，1970，1975）在《S/Z》中帮助我们区分了可读的（lisible）和可写的（scriptible）两种文本之间的关系，从而避免出现小说的等级结构，同时也把意义产生的重心从作者转移到读者。尤瑞（Urry，1990）提出，把旅游凝视（tourist gaze）理解成一个符号学的过程，这为分析提供了一个重要的切入点。游客就好比符号学者，订购、生产体验，并从历史、经济、社会、文化以及视觉等角度对其施加影响。上文已提到，尤瑞参照了福柯的观点，分析了那些特定的、系统的伴随旅游的"看"的方式。

按照这种分析，游客以不同的方式来"看"旅行包。回到我们的例子，有被"看作"豪华的包也有被"看作"实用的包，在不同形式的旅游中它们能满足不同活动的需求。很明显，弗洛拉湾酒店的那些旅行包完全符合一个奢华乡村酒店的需要，从社交和实用的角度满足了这些需求。它们的外形也符合汽车后备厢的尺寸，底部的万向轮让行李箱自由移动。而自行车的挂包则是另外一种情况，主要看其是否能防风雨、承重程度以及技术设计。我们可能会称赞其"非常灵巧"。我们把包"看作"一种能满足某些用途的物品，当"看到"它们摆在货架上或"看到"它们的内部构造后，我们就会考虑它们能否满足实用性和社会地位的需要，从而决定是否选择这些商品。我们作为游客，会把某些包"看作"已死亡，不再使用，而有些包会使用多年，陪伴每一次旅程。

行李当然也有其内在和外在的局限。其中有些局限仅仅是物质层面的，如"我拎不了更多的东西了""我无法把这件夹克塞进箱子中""我还是不带这本书了，很可能不会去读"。这些局限的出现是因为我们没有力气或技术去有效控制行李的大小。这些局限已全部被克服，因为可以使用拉杆箱这种减轻行李负担的工具。而外部的限制主要来自承运的交通工具，最典型的例子就是飞机。法律法规明确了游客能带什么、不能带什么。游客必须了解这些规定，并且还要及时了解是否有新规定。如何去解释这些打包的多种规定十分重要。

用可读性的角度解读背包会让我们去"眺望"它们，或更具体地说，只是看到它们。用可写性的角度解读背包能将它们列入不同的范畴，如性别、阶级、民族、文化实践和生活的日常秩序（de Certeau，1984）。然而，把文化理解为文本和仅仅是对像旅行包或旅行活动等"文本"的符号性分析也存在许多问题。其中一个突出的问题，就像布尔迪厄对格尔茨的批评那样（Bourdieu，2000：53），是"把看的方式用在物品上"。通过坚持把"阅读"视为文本，优先考虑视觉和符号学分析，我们将对传统西方观念、诠释学、文本的质疑转移到人文学科的主要实践。在这个过程中，我们忽视了口头的维度：

> 因为在很多不同场合都会讲述故事，"文本交换"这个概念可能太老套、太平庸，不能解释在多样化的社会历史背景中发生了什么。（Reid，1992：3）

有一种价值层次结构，据说能区分可读性与可写性。此理论认为，那些从事写"可写性"作品的人做的是"真正的""重要的"工作，他们才是真正的文化性文本的学者。就解决问题的方式而言，这没有什么直接的错误，除非被反身性地处理以及在触觉或嗅觉等其他人体官能被影响的情况下。

三、将物品归类也让打包者做到井然有序

行李打包不仅能让游客向物体展示能动性，也能让打包者本人做到井然有序。它是一个被实物改变的过程。旅行包显示了社会和物质影响的所有迹象。我们打包行李的过程带来了叙事，正如叙事行李打包一样。在弗洛拉湾酒店"格格不入"的物质表现是一个破旧但好用的帆布背包。它让我们也成为具备一定经历和期待的打包者。它让我们透露身份，就像其他客人或员工注意到我们的装扮会认为我们是骗子，因为我们没有高尔夫球杆和高级皮包。在这种社会环境中，我们携带的物品足以应付户外的人种志研究以及青年旅社、只提供住宿和早餐的旅馆，但在酒店里，我们会被视为失败的、不注意场合的打包者。

我们发现，这种组合方式总能解释在斯凯岛上的旅游生活。我们调查的游客不断地在分析处理其他游客（包括我们）身体及物品上的信息，来推断我们是谁以及设想我们所带东西的背景。艾利森在蓝水青年旅社穿了一件德国大学的 T 恤，这显示她与德国有联系。这件 T 恤也表明了她的教育背景，以及她能流利地说带德国南方腔的德语。穿 T 恤这个行为将她归入一个特定的地区，那是德国一个信奉天主教的保守、富裕的地区，那里有美丽的田园风光。而对于很多其他来自德国北方或东方的游客来说，那里却是文化差异大、不友好，甚至令人讨厌的地方。它以不同的方式引发疑问，触发情感。

（艾利森）一个在蓝水青年旅社里的舍友说德语，但口音重。就像她的德国旅伴一样，她也晒黑了。当我们在公寓里初次见面时，她用蹩脚的英语与我打招呼，在我听到她说德语前，我估计她是一个德国人。有次我拿着德语版的苏格兰旅游指南到厨房去，刚好碰到她。这次她笑着用德语和我聊天，因为她看到我手里的这本书。当我问她来自哪个国家时，我发现她是匈牙利人。我还想和她聊更多，我们聊到天气，提到本来以为那天会下雨，但外面阳光明媚。

这种分类的另一个例子可以在下面的书面摘录中看到，它说明整理行李的方式和所装物品能为我们提供很多可用来构建情节和故事的素材。

行李打包这种活动不仅让打包者遵守规则，也让打包者在这个臆想出的、潜在性的社会话剧中扮演一个角色。这场话剧中，所有人都在对打包这种活动以及放入的物品进行诠释。放入的物质材料也是情景设置的组成要素，按照利科（Ricoeur）的说法，是描述人类行为的书面叙事的组成要素。

这篇摘录是从旅游博客上翻译过来的，也是个很好的例子：

总算在晚上有张床睡觉，感觉真好！真开心，又能住到青年旅社。就像以前所说的，这并不只是钱的问题（每晚只要花 4 英镑而不是 15

英镑），而是因为我在青年旅社可以认识朋友，这点很吸引我。你不用独自待在酒店里或到酒吧去和人瞎扯，在青年旅社你可以很自然地和别人聊起来，聊从哪里来、到哪里去，聊天气、食物，聊以前或现在碰到的问题。

如果让我仔细回顾这次旅程，我不得不说它有点让人失望。上次爱尔兰之行我认识了很多和我一样骑行的人，我会一辈子记住他们。这次旅程与之前相比略有不同，尤其是同行的骑友。到现在为止，我只遇到过两种不同类型的骑行游客（这里我指的并不是像我一样"正常"的游客）。第一类人是所谓的"木斯里"食品的爱好者，他们骑的是生锈的、满载物品的自行车，拒绝吃其他任何东西。他们留长发和山羊胡，骑得很慢，也不会向人微笑或去点头打个招呼。他们带着眼镜，神情茫然地看着地平线，好像在寻找一个想象的目标。

第二类人是赛车手。他像炮弹一样从身边呼啸而过，不会和你打招呼。他通常不带行李，穿着赛手装，和一个或多个朋友一同骑行，也许会给我们这类人一个同情的微笑（尽管你可能看不出来）。这个夏天我还没有碰到过我这种类型的骑行游客，我希望能在这种骑行中找到乐趣或做一些对体力要求高的活动。我希望这种普通的假期能有所改变，我期待有一种肌肉酸痛、享受自然以及久违的童子军式浪漫体验。但青年旅社里没有骑客，在其他人中也没有发现值得攀谈的人。

（http://www.ernstfam.de/scotla32.htm）

这个书面叙事的例子与口头故事不同，因为它不容易受到地点和实物的影响，并会更专注于艾布拉姆所说的更同质化、无地域性的特点。艾布拉姆认为，"将故事写下来，就第一次将它们区分开来"（Abram，1997：183）。叙事的口头和书面形式都是空间实践，但它们以不同的方式处理日常事务和地点。口头叙事停留在讲故事的地方，一般以现在时的"戏剧"呈现。它们很容易被打断，也很容易被物质环境改变或影响。而另一方面，书面叙事不受空间束缚，不会被打断。

四、故事的时间和空间

德赛尔托（de Certeau）与利科（Ricoeur）一样，都认为叙事本身就是一种空间实践。

> 每个故事都是旅行的故事——一种空间实践。因此，空间实践与日常策略相关，并属于它们的一部分。这些讲述出来的冒险故事能同时描绘出行动的范围，进入一个秩序化的寻常事物之中，而不只是对行人话语和修辞的补充。它们不满意于取代后者或把它们置换到语言领域。在现实中这些故事组织了步行，在用脚去走之前或过程当中就完成了旅程。（de Certeau，1984：115–116）

重申我们上文的观点，根据利科的说法，情节设置"为虚构开启空间"（Ricoeur，1984，in：Simms，2003：45）使得解释学循环得以完成，换句话说，就是通过时间来消除我们对现实世界理解的差距。以读者的角度将对世界的理解变成叙事，这种行为接纳了"文本"的世界和我们的世界，让我们能将两者整理排序，把它们的片段组成新的意义。

但就像在本章开头我们所认为的，叙事不只是一种文本实践，解释学视角的"解读"并不能告诉我们旅游中囊括一切的故事。通过人种志研究，我们反复发现，口头叙事是由进入感觉域的实物触发的，往往是视觉，但有时是触觉、嗅觉、听觉或味觉。这是一次空间实践，为虚构开辟了空间，为意义构建开辟了空间，也为通过叙事对人及其物品和传记做出快速评断开启空间。这是旅游活动的一部分。

所以，就像行李打包能让打包者遵守规则一样，那些来自行李并进入生活的叙事给予这些与物品相关的世界新的见解。它们能让打包者和被打包的物品遵守规则，适应新的模式，并且为这些物品揭示的新世界设置情节，它们将新事物导致的混乱变得整齐有序。

叙事也需要时间。根据布鲁格曼（Brueggemann，2000）的观点，文本上的"流连"（lingering）受到时间、细节、耐心和学识的影响。但有时，还是按照布鲁格曼的说法，"文字爆炸"（words explode）让文本被感知并可以马上被解释。同样，费边（Fabian，1983）讨论了构筑人类学研究对象过程中时间的角色。正如我们看到的一样，就我们的研究目的而言，"流连"是一个很有用的术语，能补充"读"和"看"的概念。

> Linger：停留、逗留、徘徊在路上；继续停留或是不在合适或正常时刻徘徊于某地（尤其是不愿意离开）；解释：深思，对（某个事物）进行长期的考虑，不愿意离开（某个事物）。
>
> ——《牛津英语词典》

"流连"是游客的一种活动，游客会在青年旅社吃饭时"流连"，品味发生的故事。有家人说："我们一直在青年旅社做早餐，但在家从来不做。"在这个半岛上，我们发现有游客在"流连"景色、停下来和陌生人聊天、耐心地听别人说蹩脚的英语、花时间去嗅嗅花香、画水彩画。在城镇里，有很多游客在酒吧、茶馆、礼物店、购物橱窗前流连。本雅明在《拱廊计划》（The Arcades Project，1982，1999）中写道，在19世纪的巴黎，很多游客在城区惬意地漫步。

当然，我们并不总是对于其他游客有这样的看法。游客也时常落入"游客陷阱"——这是针对游客设计的骗局。我们在第三部分会看到，游客在进行全城的短暂旅行，这些是精心安排、精确到分钟的参观访问。这种旅游方式在旅游文献中受到批评。事实上，要成为一名游客并完成任何特定的旅游体验，就意味着要打乱我们所习惯的时间与空间。对于我们调查的游客而言，时间与空间都留给了故事，用来反思新经历、设置情节、完成解释学循环，以及从旅游的角度去理解跨文化生活。前文中提到的德国自行车手的反思就是个很好的例子。

五、语言、翻译、口头叙事

在旅游中，被打包带走的、最明显的文化知识或许是其他语言的文化知识。当一种语言进入其他语言空间时，会以翻译的形式再现。我们西方人多数已养成使用单语的习惯，很少用其他语言。但在另外一个地区或国家时，我们对于其他语言的理解以及之前在学校或家中学到的语言知识就能派上用场，不过我们往往难以感到安全、轻松和舒适。以不同语言讲述的口头故事与编辑过的文本及书面翻译在整洁度上存在很大差异。我们自己的语言，此时就相当于具体化的"行李"，可能变得不容易被接受，这种程度甚至令人恐惧。于是，我们所说的语言就将我们标记为外国人、"离开家的人"。即使去的是那些使用自己语言的变体甚至与自己文化相同的地方，很多游客也经历过语言差异带来的不便。

因此，翻译就成了旅游体验的关键因素。虽然韦努蒂（Venuti，1995）认为译员在多数情况下是隐形的，我们从文学作品以及翻译过的导游手册、短语集和其他供游客使用的语言辅助工具中也能看出这种观点的正确性，但是翻译作为游客的口头实践时却并非如此。对于到苏格兰的游客来说，时时刻刻都要用到翻译。它需要游客能转换使用不同的语言，并且需要其他人的耐心。

> 翻译可以被视为一种形式的三角定位法（triangulation），或者按照吉莉恩·罗斯（Gillian Rose）的说法，就是一个"破碎的中间体"（broken middle），它防止将二元对立粗暴、武断地合为一体。将翻译视作三角定位法，我们能看到翻译处在普世主义及差异的异常状态之间。（Cronin，2000：89）

在跨文化交际的天堂里，所有的文化差异都被抹去，成为对相反事物的普世主义的和解。克罗宁（Cronin）评价，这种调解与我们在青年旅社的厨房、只提供床位和早餐的旅馆或我们后文将提到的有细致服务的旅游设施中所发现的那种和解是不一样的。这也是一种由其他人为其他准备就绪的人所做的善意之举（Williams，2000），目的不只是让全球资本从游客的口袋流向目的地，更多的是体现一种好客的态度。这是在旅游中处在"破碎的中间体"以及用蹩脚的语言作为翻译的一种方式。

就口头叙事而言，重要的是创造旅游中介语（tourism interlanguages）（Davies et al.，1984）和克服"语言冲击"（language shock）（Agar，1994）。当我们在特定的地方旅游时，会将自己的语言和其他语言做对比，这时就会产生语言冲击。我们发现，所调查的游客包括自己，在说话时都会混合使用不同语言中的元素，如"So ein Mug möcht'ich auch mal haben"（"我想要一个那样的杯子"），或"Es gibt kein Litter"（"这里没有垃圾箱"）。在当时口头叙事中，我们会学习目的地语言的元素，并将其与自己的语言相结合，来应对当时的物质生活。对于游客来说，跨文化交际既不是能把英语甚至盖尔语说得很好，也不是一定要说母语。语言和文化制品之间的差异并没有被掩盖，相反，它们在某个时间或同时被异化和归化（Venuti，1995）。

故事是用语言讲述的。口头叙事的语言和物质基础在于能讲话的主体。叙事者兴奋时会讲得口沫横飞，来衬托他们的想象和记忆。根据阿切尔（Archer）的论断，语言拥有"关于性"（aboutness），能让人想到现实（Archer，2000：154–155）。阿切尔在《关于人类：能动性的问题》（*Being Human: The Problem of Agency*）一书中认为，实践是世界上话语知识（discursive knowledge）和体知型知识（embodied knowledge）的杠杆或支点。她还认为，我们的体知型知识和实践知识，分别与自然和物质文化相互作用，这就意味着，人类已知的许多事物并没有通过那些属于话语秩序的意义被传播。这是我们所调查的游客正在做的工作，我们发现被录制的对话里也有自己的话语。它是一种具体的、口头的、时空的工作，目的是从我们所接触到的材料的实践知识创造出话语和体知型意义，而这是旅游实践的一部分。这是授人以渔而不是授人以鱼。

世界上无数的地方都有人在讲故事。英戈尔德认为：

　　……学着去感知并不是获取整理感官数据的传统图式，而是通过在日常活动中与他人接触，学会以某些方式来应对这个世界。这同样也是人类学家认识研究现场的方式……通过在共有的环境中与其他研究者合作。（Ingold，1993：222–223）

游客流连的那些物品通过打乱惯常的、非游客生活秩序，来引起我们的关注。英戈尔德的研究给我们课题最大的帮助是，他坚持认为人类的文化智慧不只是通过语言中思维的参与在主观性方面发挥作用，而是：

> 在其与环境的积极交流过程中，自我构成了动因和意识的中心。感觉、记忆、计划、说话是这种交流的所有方面。通过交流，自我逐渐产生。（Ingold，1993：103）

我们可能会说，这种英戈尔德（2000）所指的"能动者间际性"（interagentivity）是游客口头叙事的核心所在。在旅游时，我们与说其他语言的人和来自不同社会阶层、国籍或民族的人互动，在此过程中进行着跨文化交际。我们去观察了解他们的声音和他们的物品。但是我们是在现实的背景下这样做的，这个背景作为我们与环境积极接触过程的一部分也进入了叙事顺序。它插入了天气、景色、垃圾、纪念品等话题来表达情感，同时赋予旅行丰富的色彩。在这种情况下，我们将口头叙事中的能动者间际性潜能看作一种与不同现象接触的形式。

六、结论

本章通过理论分析，尝试在作为文本的文化和作为物质和口头的文化之间开辟新道路。我们参考了利科和德赛尔托的观点和理论，证明在口头叙事中地点比空间重要，但这样做是立足于人种志和叙事数据，这与产生叙事的材料的生成特点相关。

文化上也是如此。我们认为，当离开熟悉的地方后，我们的性情、知识和实践也会发生变化。在日常生活中，我们所展示的知识和习惯是相对静止的，遵循着某些可预测的运动规则和习惯。我们知道在哪里买面包、在哪里停车、家乡因何闻名；想向其他游客证明自己家乡也有一段与某种艺术、音乐、建筑潮流或某个产业、大事件相关的历史时，我们知道提及某人或某事。旅行时，我们也将这些知识打包，尽管不知道是否能用得上。

在整个旅游产业中，我们看到了旅游行为的模式、游客的感知和旅游业对旅游需求的预期反应——卧室的配套设施、高速公路服务站和一次性使用的条形砂糖成为常见的需求。从货币的角度说，它们是成功的秘诀。解读旅行包及其所装的东西与其说是一种把文化看作文本的方式，不如说成是一种理解方式，它把人视为讲故事的文化打包者和经历的期待者，人在度假时是在新背景下处理新的时空关系，把时间和空间作为叙事素材。

新产生的口头叙事并不是孤立存在的，即使作为叙事形式，它们的发展也可能体现相对孤立的创造性实践。这些叙事也被三角化（triangulated），并与其他早已存在的促成目的地印象的叙事形式进行了对比测试。所积累的文化制品和材料是游客口头叙事的一套资源，另一套资源是书面的旅游指南，即我们接下来要谈的话题。

第六章　包里的故事

在前一章，我们研究了物质生活中能产生叙事的因素。我们考察了能装实物、同时本身也是实物的旅行包。之后，我们说明了旅行包如何为（叙事）交流带来一系列机会以及广泛使用的（叙事）交流分类法。我们认为，应该把行李打包和旅行包视为日常生活的一部分，并借鉴了德赛尔托和利科的观点来探讨与打包和行李相关的叙事如何让打包者变得井井有条。我们认为，这些叙事本身就是精心设置的情节，有助于产生意义并创造空间变化。我们还认为，旅行包不仅能带来叙事和随后的文化变化，而且也会被自身的旅行历程改变。

在本章中，我们将关注从口头叙事转向苏格兰旅游背景下的"书写文化"。在第四章和第五章中，我们认为，打包可以从比喻的角度诠释。文化行李和现实行李一样，在旅行时被随身携带，我们有意识地或无意识地需要它们并携带它们。然后，我们将继续关注口头和书面叙事，研究在苏格兰旅游的游客身上发生的大故事、小故事以及它们之间文化体验的不同阶段。我们特别考察德语旅游指南，它是便携的、实用的旅游指南的典型代表。柯沙（Koshar，2000）将其看作有历史意义的手工制品并且做了论述。我们在此关注：它们的期待性功能；这些指南是如何用于度假准备和获得目的地印象的；人们在不旅游时是如何使用它们的。

我们在此关注德语旅游指南，有两个原因：一是通过研究德语旅游指南的使用现状，深化柯沙已做的历史研究；二是在研究过程中，德国游客作为一个民族和语言的类型让我们很感兴趣。我们不仅能说流利的德语、有在德国的生活经历，而且调查中最重要的语际交流都用德语进行。我们有很多机会使用德语，并通过交谈、语言和文化制品与德国人建立联系。

也就是说，回到我们在书中提出的观点，我们在本章将特别关注在苏格兰度假的德国游客和他们的书面叙事。

一、旅游指导文学

撰写和使用旅游指南的目的是解放现代游客。它们有解放游客的潜力，并且也是这样定位的。它们能发挥说教和指示的功能，就此而言，可以被视为"旅游指导文学"（apodemic literature）——斯塔格尔（Stagl，1980）称这种文学为"旅行的艺术"，他将旅游指导文学定义为旨在为旅行和参观提供系统性规则的作品。就文化构建而言，旅游指导文学是一种不应该被低估的文学形式，因为它在物质上和情感上是述行性（performative）的。

旅游文学和旅游指南的分类在近些年已成为文学研究、翻译研究和文化研究领域争论的一个焦点（Buzard，1993；Cronin，2000；Koshar，2000）。目前，旅游写作已成为一种重要的类型，不再被视为非权威的、不值得认真去诠释的作品。因此，旅游写作已被证明能够经得起批判性的、解释学的审视（Robinson & Andersen，2002）。旅游文学在过去被认为是通俗文化的一种低级形式。然而，近年来，在西方社会出现的文化类型解构和旅游活动的激增改变了这种看法，同样的变化也发生在旅游指南上。

作为旅游写作的范例，旅游指南已有不同的文化诠释。相应地，那些想与包价游有所区别、想在旅行中寻求自主性的游客可能把旅游指南视为助手；此外，那些希望旅行舒适、安全并能提前安排好的游客也把旅游指南作为应对未来事物的文本。另外，尽管任何一种对游客和旅行者的分类方法都是概括性的，但这在旅游文学领域已得到重视。"旅行"是积极的，"旅游"是消极的；"旅行者"是"好"的，"游客"是"坏"的——在旅游文学中（Crick，1996）已有人尝试用这种区别来解构这些问题，但尽管如此，我们还是应该严肃对待，因为它们通过语言表明，就旅行自身的目的和意义而言，还存在概念上的对立（Alneng，2002）。

按照奥斯丁（Austin，1975）的理解，旅游指导文学是一种在读者面前发挥重要述行功能的文学形式。的确，这是一种特殊的文学作品，在写作和阅读时都有明确的目的，希望能影响别人或自己的行为。旅游指南对旅游模式和游客行为都有显著的能动影响，能指挥行程和引领游客凝视（McGregor，2000）。科沙（Koshar，2000）指出，旅游指南是争夺意识形态和文化变化的地方，这表明现代文化有彼此对立的诠释——要么是合理化和制度化的力量，要么是解放的力量。关于旅游指南功能的对立诠释表明，对于旅行的文化理解一直在变。

瓦伦丁·坎宁汉姆（Valentine Cunningham）讨论了读小说在构建不同类型的旅游文化中的启发功能。

> 小说是……启发性的系统，是学习、自我教育的场所，为勤奋的读者提供正面的结果。大多数传统小说中的主角，与大多数传统叙事里主角一样，都坚信能在故事结束前获得正面的东西。在小说中他们在进行一种发现之旅。这是一段汇合多种因素，类似于冒险与英雄主义的史诗旅程；是捕获和发现的殖民之旅，是但丁式的发现自我和救赎的道德之旅，是为自己和他人解疑的答惑之旅。在这些旅程中，旅行者可能拥有各种身份：朝圣者、士兵、流浪汉、帝国主义扩张的代言人、尤利西斯侦探、堂吉诃德、克鲁索、忒修斯、夏洛克·福尔摩斯或普通人。但是不管行囊上有何特定的标签，老故事中涉及的每个人都处在一段学习的旅程中。作者和叙事人是文本的生产者，角色是文本写作的对象，读者是文本的消费者：根据传统，他们在同一条道路上旅行；相应的是，愚昧变得越来越少，知识变得越来越多。（Cunningham，1994：228）

旅游文学和旅游指南的共同点是它们都是文化的书面作品，并且如前章提到的，也因此可以与空间脱离，而口头文化在某种程度上是做不到的。除了写作用的工具和设备可以移动，旅游文学能让读者具备一定的"移动性"。这种文学能引导读者，让他们想象自己在某个地点旅游，就像坎宁汉姆在上文所提到的，让现代读者扮演不同类型的旅行者。它也为旅游指导文学的述行功能创造了条件，指出了扮演这些角色的最佳方法。具体要看所选的旅游指南以及每个游客对旅行的想象能力，我们的确找到了一些旅游指南，游客被假想成堂吉诃德、克鲁索，或是侦探、探险家、朝圣者和浪漫文学中的流浪汉。

二、德语旅游指南的历史

贝德克尔旅游指南（Baedeker Guides），由德国出版，是旅游指南这种文学形式最古老、最著名的例子。著名的案例是马康纳（MacCannell，1976）把贝德克尔巴黎旅游指南作为《游客》（*The Tourist*）一书中结构主义和符号学分析的蓝本。他评论该指南信息丰富，标注了旅游景点，体现了"现代社会展示自己重要的吸引力，同时也介绍其他所有景点"的方式（MacCannell，1976：48）。这些指南也特别提到使用者及其应该做的准备，对此我们之前已提到过。

卡尔·贝德克尔（Karl Baedeker）最初出版旅游指南的另一个重要目的是让旅行者不再需要依靠仆从和导游，并且"协助他，让他独立，让他自己愉快地去观察，并形成自己的印象"（Cronin，2000：86）。这个观点很明显和已提过的旅行中对概念的相互对立的理解有关。然而，克罗宁指出，在讨论中不提及语言问题是可以理解的，考虑到"指南把国外的文化翻译成旅行者的母语。因为指南提供了书面翻译，旅行者不再需要依赖于导游 / 译者的口头翻译"。

第五章中提到，我们发现旅游指南最终并没有让在斯凯岛上的游客明显地减少使用现场笔译和口译服务，或不用说英语或盖尔语。但无论如何，购买并带上指南后，确实不用再聘请口译员，只是在威士忌酿酒厂或重要城堡游览时，我们还偶尔需要这项业务。

"导游"形式和功能上的改变——从受雇的佣人到大批量印刷的精美书籍——表明旅游指导文学是一种相对现代的形式。然而在德国历史上，旅游写作的指导性功能可以追溯到比贝德克尔旅游指南更早的时期。贝普勒（Bepler，1994）提到在 17 世纪的德语游记中旅行者扮演了作家的角色。她的研究表明，17 世纪时旅游文学在德国很流行，同时她认为这种文体出现在德语区，并且基于哲学家彼得吕斯·拉米斯（Petrus Ramus）的逻辑思维方式。这种方法的应用促成了旅行手册的出版，这些手册详细地描述了如何去观察，尤其是旅行时如何做笔记和对相关事物分门别类。根据贝普勒的观点，理想的游记应该能提供指导意见、提升道德修养，但这是通过观察得出的，而非自己凭空杜撰。

> 将旅行者描述为一个模范，而不是一个具备批判和情感能力的个体，决定了将个人的和主观的体验和逸闻写成文字的选择过程。旅行本身被视为对品行的一次检测和了解人世浮华的一堂课，最终受天意主宰。（Bepler，1994：184）

游记中的角色被赋予不同的命运，因此我们可以将这些文本视作信仰文学，是一种保护，或者一种掌控命运的方式，尽管贝普勒提到"源自16世纪朝圣报道中的天命论……在17世纪末期已经退化为一个没有实在意义的公式，变成讽刺的对象"（Bepler，1994：193）。"信仰"在这个语境中是一个格外晦涩的字眼，但是我们在这里是从人类学的角度去理解它。《牛津英语词典》将它定义为"作为礼拜活动的献礼"，它在礼节上是一种应对"天灾"的保险和投资。

尽管这种信仰、宗教和仪式的结构自17世纪以来已有一定改变，但这并不是说"命运"和由此产生的某种形式的信仰的作用已不在旅游指导文学中出现了。如我们所见，焦虑和期待并没有在行李打包中消失。命运和自立可能被认为是相互关联的。鲍辛格（Bausinger，1991）指出，在旅游日常活动中的清洗、打扫和饮食的仪式都被赋予更广阔的空间和更多的时间。我们在前文已提到清洗和整洁在打包中的重要作用，在第三部分会再谈及这些话题。

在此我们可以说，信仰对于身体、对于身体的愉悦和保护、对于其行动的"道德准确"将成为旅游中最重要的关注。确保愉悦和安全需要准备和知识，当受雇的佣人不再为清洗仪式提供水或提供让我们感到安心的口译服务时，书面翻译必须能完成这些任务。从这种意义上来说，我们可能增加对旅游写作的旅游指导理解，认为旅游指导是一种信仰的形式，是应对突发和未知事件的一道保险。

三、作为准备和信仰的旅游指南

借用和购买德语旅游指南是行李打包过程的部分内容。不带指南就出发是莽撞的，就像出门时带了一个会漏的包。机场里到处都是这些指南，旅途第一站的游客信息中心也如此，离目的地越近，那些旅游指导就越具体、越有本地特色。阅读旅游指南是准备和期待的一部分。它让人对目的地产生印象，现在的阅读是为未来的旅行做准备。

让我们来看下面这个实例。在德国一个小城的最大的图书馆里，我们想在摆放旅游指南的书架上找到苏格兰旅游指南。虽然我们找到了许多指南，但最有意思的是，当我们在电脑上查找目录时，看到一个读者留在屏幕上的信息，详见表 6.1。

表 6.1　德国里斯河畔比伯拉赫市图书馆的电脑屏幕

安德烈亚斯·布劳恩：《苏格兰手册》 伯基特·克路帕赛克：《漫游苏格兰》 《英格兰和苏格兰》 《苏格兰高地》 《以苏格兰为主题的小说作者——罗萨蒙德·皮尔西纳的世界》 席勒：《玛丽·斯图亚特》 《苏格兰人的玛丽女王》

这是一个与准备和想象相关的例子，尽管很难准确地说清准备的目的是什么。我们不知道读者要找其中的哪些书，但是这种随意的搜索和分类的确说明不同的文学体裁和不同的想象世界的交织。这说明，能动性和一种有限但务实的选择能在某些方面影响资金筹措和文化行李。它也从总体和具体两个方面说明了德国在苏格兰旅游指导文学方面的公共资金的投入。这些可以从实例中得出的视角提出了有趣的问题。问题的要点包括：如果没有指南我们能去旅游吗？旅游带来的愉悦是否总是已被其他人安排和定义？并且，比如从德国到苏格兰旅游是否总要预先准备、分类、规划并有

一定的结构？

这样的问题肯定为获得答案提供了可能的路径，但是对于物质生活的跨文化层面的理解，对于整理文化行李的理解，它们并不特别具有启发性。不同系列的问题还可能包括：为什么在物质上和情感上需要线索、文字、指导和建议？对新世界的期待、体验和指南之间有什么联系？为什么需要规则、图片、表格和分类？主体及其需要这种工作的精神、礼节和仪式会发生什么？

纳尔逊·格拉本（Nelson Graburn，1978：22）给我们提供了探讨这些问题的方法并给出了一些初步的答案：

> 尽管旅游应该带来愉悦，但个人观察和医学报道显示人们出门在外时更容易出现意外；人们会兴奋、紧张甚至感到恶心。……考虑到媒体中有很多关于飞机、火车和汽车事故的报道，我们作为游客其实不能确定是否能回来。绝大多数人都想过，至少短暂想过坠机或车祸，年长的人担心过在度假途中死亡。因为我们离开常规的生活后有可能永无归日，我们购买额外的保险，把事情安顿好，经常立下新遗嘱，并且留下给植物浇水、照顾宠物和支付日常开支等"最后"指示。我们在离开时说声再见，甚至流泪，就像在葬礼上一样，因为我们正在迈向象征意义上的"死亡"。

通过这段引用的文章，格拉本让我们从生死攸关的角度考虑为什么有人特别重视准备工作。我们的离开代表着"象征性的死亡"。旅游指南让我们为一种悲痛做好准备，这种悲痛和那些渺小的、在象征意义上重要的方式相关，通过这种方式我们必须哀悼即将抛下的东西，让自己坚定起来应对充满未知危险的未来。如果我们的离开是象征性的死亡，那么伴随着旅行的打包从文化意义和象征意义上就类似于积累殉葬品。武器、胸针、盾牌、酒杯、护身符和小装饰品变成了驱虫剂、腰包、旅游指南、水壶、防晒霜和钟爱的泰迪熊。

装什么行李和如何装象征着我们为这次小小的"死亡"所做的准备。

在家中和旅行期间打包时读到的内容有助于我们在情感、物质和身体上做好准备。甚至在我们出发前，它就告诉我们回家后的生活与非旅游生活的重要性。在家买的旅游指南在旅游现场能派上多大的用场是第八章的话题。现在让我们先来看看指南（见表 6.2）。

表 6.2　不同德语指南封面上的词汇

● 贝德克尔指南，苏格兰：大版旅行地图、266 张彩色图片、实用贴士、酒店和餐馆
● 苏格兰、建筑和风景、历史和文学、艺术、旅游指南
● 马可波罗、苏格兰、旅行与专业人士建议、苏格兰旅行地图集
● 快乐旅行、雷利斯指南、苏格兰
● ADAC 汽车协会导游指南、苏格兰、ADAC 书，旅馆、餐馆、酒吧、花园、节日、城堡、废墟、湖泊、景色、宗教场所，顶级贴士
● 梅里安经典图书、文化欣赏、苏格兰、国家和人民、历史与现状、艺术家、名人、快乐游览、服务与外语学习指南、梅里安贴士、新版梅里安活页地图

为了更系统地理解旅游指南是为了象征性的死亡而准备的信仰性的、与死亡相关的文本，我们可以从几个不同的视角来考虑：是假定来生是适应家庭生活或充满异国情调的文本；是能通过改变日常生活，帮助读者升入文化富足的天堂、升入丰富的文化和叙事资本的天堂的文本；是述行性很强的文本，具有道德教育、矫正社会关系的功能；是理想、白日梦和浪漫主义思想的温床。仅仅研究旅游指南的封面就已经让我们发现一些有趣的东西。

一个能睡觉的地方、几个能吃东西的地方及怎样找到住、吃、玩的地方是旅游指南最重要的卖点。有趣的是，消费者并没有被礼品店、纪念品或有形的、能带走的消费品所吸引，这些信息在后来出版的旅游指南中才出现。相反的是，他们想要吃、住、游及获得提示、额外的提示和新的提示，对此我们在第四章中也提到过。那些指南，比如杜蒙和梅里安旅游指南，一开始就给出比廉价旅馆更多的建议，像"国家和人民""服务和当地常用语"这类信息，而不是带毛的香羊肚或斯凯岛的蜡染。如何克服变化带来的困难、关注睡眠和休息以及交流的工具——这些是旅游指南的卖点。

同样，语言和跨文化交际的维度也很重要。在我们拿到的指南封面上有多个单词（见表 6.2），其中包括英语单词或在两种语言中拼写相同的词。

像"Service""Tips""Classic"和"Insider"这样的词都是英语，在德语中他们更多用"Dienst""Hinweise""Klassiker"和"Eingeweihte"。在全球化背景下，英语已处于霸权地位，我们可以把这种情况看作是德语被英语这种优势语言侵蚀的证据。也许我们可以从全球化即同质化的这种视角来阅读指南和它们的语言，这种同质性是一个麦当劳化的全球社会合理化过程的一部分。这样的分析揭示了指南能让旅行变得制度化，这一点前文已提及，还有能让未知世界的"魅力常规化"，这里参考了韦伯对产业合理化改革的论述。

重要的是，尽管指南这种商品得到传播但并不意味着附加在这些商品上的意义也同时得到传播。与威尔克（Wilk，1995）的观点一致，全球化可以看作在传播一套共同的结构，这些结构能调解不同的文化，并且缩小文化差异。封面上的语言可以视为过渡的标识物（Davies et al.，1984），一种混合了两门语言的词汇和句法的中介语，而册子本身也标志着一种到达梦想世界的过渡。同样，这种语言的使用可以被视为游客对真实性的需求。

旅游话语只是最近才在格雷厄姆·丹恩（*Graham Dann*，1996）的著作和卡迪夫利弗休姆（*Leverhulme*）旅游与全球交流的课题中（Jaworski et al.，2003）得到特别重视。社会语言学的视角能为旅游分析提供很多素材，但是很少有文献分析其他语言的角色、外语学习和对度假目的地的选择，这种选择是在了解到生存就语言交流而言是可行的前提下做出的。考虑到旅游专业的学位课程总包含一门外语，这可能令人惊讶。这里的问题是，将为了经营和谋生的外语学习和真正生活在其他语言世界的情感元素混淆了。我们的旅游指南已经说明在外生存是可能的，适应中介语的生活是准备工作的一部分，以及翻译是有可能实现的。可以说，旅游指南让我们感到安心。

然而，这里有一种讽刺，克罗宁（Cronin，2000：86）对此做了详细的阐述：

有很多其他人说你的语言，这个星球就不是一个孤独的地方了。旅游指南不仅把人们带到相同的地方，而且所用的语言也让人产生语言同质化的印象。旅游指南就像魔杖一样，携带它们的游客会遭遇巧合，他们会发现许多在他乡的宾馆 / 旅社 / 咖啡馆的其他游客也说着自己的语言。如果是用同种语言写的指南把他们带到那里，这或许并不会让人吃惊。纸质版指南的自主性（没有当地口译员）产生了另一种形式的同词异义现象（全球型口译员口述行程）。

有趣的是，为了这里的论证，克罗宁使用了"预测""符咒"和"命运"等字眼来讽刺地说明旅游指南的作用。他再次描述了指南，认为它实际上扮演着一种信仰文学的角色，用语言、方法和信息来平息不安、抚慰神灵。我们遇见说同种语言的人，根本就不是巧合，这只是对我们祈祷的回应。从语言及物质的层面而言，旅游指南是一种本体论的安全保障，能让游客在未知世界中幸存下来。

四、把文化装入旅游指南里

我们可以超越信仰的角度，从学科的角度来分析指南中的语言对社会的影响。在这种情况下，指南中目的地信息的分类法和图表有启发性。指南做了分类工作，把"天堂"划分成可管理的不同部分，很像孩子们在学校用的教科书，上面有图片、提示和知识要点；一个真正的分类清单（见表 6.3 中物品清单），就像考古发现的殉葬品代表了战斗、宴席、危险和虔诚，把目的地分成几部分也能说明对于"天堂"的文化理解的不同层面。

表 6.3　指南分类

分类文化：A、B、C…… 历史 文化特征 自然 人物传记 文学 苏格兰的城市、乡镇和地区——地理 乡镇规划和地图——制图

续表

旅行
A—Z 信息（索引）
用语指南

旅行时如果不了解目的地的历史，不了解其他生活方式，不了解节日、语言、地理、宗教形象和文学，会让人变得"贫穷"，投入的时间、金钱和心情可能没有回报。对于现代游客来说，如果没有学过相关的知识，是不应该去经历"象征性的死亡"的。从旅游指导文学中得到的启示是应该学习这些课程。有趣的是，为了得到旅行的文化资本和体验，就需要某种程度的回归。就此而言，指南上的信息索引可能是最明显的，让人想起孩提时的识字课。为了升入"天堂"，游客应像儿童那样。在不同的文化与语言空间里，游客有必要重新学识字，为了完成这种如今已是"基于识字能力"的旅行（Cronin，2000）。

因此，在信仰、分类、知识和规训之间建立一种关系是可能的。根据米歇尔·福柯（Michel Foucault，1991）的观点，这种对管教和知识的关注拓展了广义上的、新韦伯式的对西方旅游指南的制度化影响的关注。之所以如此，是基于旅游指南的规范能对游客进行约束这种观点。回到之前我们所引用的鲍辛格的观点，指导、信仰和规训之间的关系是通过游客这个主体建构起来的，它是对身体信仰的组成部分，也是旅游的主要特点。当然，从政治经济的角度关注主体是福柯《规训与惩罚》（*Discipline and Punish*）一书中的关键内容，他写道：

> 主体也直接参与政治领域；权力关系对它有即时的控制；他们对它进行投资、标记、训练、磨练，强迫它执行任务、扮演功能、发出信号。根据复杂的交互关系，主体的政治投资与其经济用途密切相关。……只有当主体既有生产性又受到约束时，它才能成为一种有用的力量。（Foucault，1991：26）

在"天堂式的"苏格兰旅游的行前、行中和行后，一种能让游客的身体成为生产性身体的方法是采用不同的规训方法。游客长久以来被视为"非生产性的"、休闲中的身体。然而，我们的研究表明，游客有很多事可以做，即使是在准备、期待阶段。我们被鼓励去实现旅游的潜在价值，通过使用旅游指南来让自己行动起来，并因此服从于更广泛、更具规训性的社会的需要。

关注旅游指导文学与信仰 / 命运相关的特点也属于福柯所说的"与'灵魂'相关的技术——即教育家、心理医生和精神病医生的技术"的一部分（Foucault，1991：30）。这些在指南中展示的技术，在向游客主体传授其相信的不同类型的知识，以便它能变得多产，能带回叙事。这些叙事具备文化力量，能成为网站、相册、幻灯片、旅游指南和故事。

五、结论

本章重点讨论了德语旅游指南，研究了德语旅游指南产业并非只是全球资本主义运作案例的内在原因。科沙（Koshar，2000）研究了德语旅游指南历史，明确说明指南及其使用既有能动性又有决定性。旅游指南只是被装进旅行包的许多文化物品中的一个，它在旅游过程中不停地被取出来又不停地被放回去。

对游客来说，打包不只为了确保行李安全或是在出发前将旅行包填满行李。装好的物品有一种象征性的、能动的地位。那些最终成为行李的物品被赋予了众多意义。虽然实物显然能有文化意义，但是从比喻的角度来说，我们出发去度假时也在"将文化打包"；这点最能体现在旅游指南上——其中有很多无名的"仆人"为我们服务。

本章的重点是旅游指南的指导性及物质上的述行性，以及在主体准备一次小小的、"象征性的死亡"时旅游指南所扮演的角色。打包是本体论的：它和知识一样与我们的存在相关。旅游指南这样的物品也有本体论的地位。书面形式让指南和旅游文学具备了额外的移动性，它们将现代游客和特定的地方联系起来，但重要的是，它们让这些地方可以拆分成不同的内容并在写作和文学的文本里重新表达。就此而言，与前章中所研究的口头叙事

95

相反，书面叙事——旅游指南和旅游文学——就不如口头叙事那样能成为激发情感、记忆的和跨文化交际的共同话题。相反的是，它们将以更个性化的方式影响我们对未来的想象。在我们到达旅游的舞台之前，给我们安排不同的角色，并借给我们空间参与它们的排练。

此外，像口头叙事一样，文化的书面手工制品和拥有这些产品的游客可能引起我们的关注。旅游写作将我们的想象和身体带到特定的文学地点，让我们亲眼去看看曾在书面故事中看到的内容。口头叙事也把我们带到特定的地方，那些更世俗化、更局部的地方，因为我们作为游客所交流的口头叙事能带领我们去不同的地方，尽管不都是那些保密的景点。旅游写作——那些书——也是与口头叙事不同的手工制品。我们不能把演讲、对话、表演装进行李，但能把书装进行李，并且我们的确是那样做的。正如我们这里所说的，装入行李的物品，如旅游指南，具备超越自身内容的述行性。作为实物，它们得到了我们的认可。在此过程中，至少按照分析的术语，它们被赋予一种不同的本体论地位。

像之前一样，我们在此意识到，在口头文化和书面文化之间构建二元论很容易，这两章可被视为初步尝试。关于演讲—写作，口头—书面交流连续体的全面探讨和就此展开辩论远远超出本课题范围。我们确实在做一些比较，但是也提到它们的层次和相似性。

体验和口头叙事或表演并不直接导致旅游写作，旅游写作也不直接影响口头叙事，但是我们发现口头形式和书面形式在密切交流，形成了纵横交叉的想象路径并相互留下印迹。结果是，我们发现作为口头叙事、书面叙事和元叙事的旅游是一个充满活力的、感性的、物质的活动，它能产生无数交织在一起的互文形式，而知识则通过这些形式以隐喻或真实的方式传播（Mcfague，1975）。

我们意识到，在强调旅游指南的想象性和述行性，尤其特意使用"天堂""危险""象征性死亡"这些比喻性的字眼和迷信的时候，我们在追随把旅游看作阈限活动的传统，在参考两位特纳（Turner and Turner，1978）和特别是尤瑞（Urry，1990）的研究成果，他们探讨了旅游是如何与生活的结构和反结构及其仪式时刻产生关联的。就此而言，我们为出发所做的准备例证了"在家和离家"这种结构与反结构之间冲突的阈限空间。我们在下一章会再谈到这个话题。

从人种志和解释学的角度来说，以不同的方式去诠释旅游指南的使用的确是有可能的。然而，在展示打包行李和使用旅游指南等阈限活动的日常性时，我们希望不要将阈限的过程神秘化或是强调它们与当下生活的区别。相反的是，指南往往强调非游客生活的不同方面，我们的希望、记忆、期待、话语定位以及我们作为游客的习惯。而我们强调的是它们的普通性和它们对于集体的、累积的知识的依赖和它们在人类和物质生活网络中的位置。在第三部分，我们将研究旅游中人和物质生活的普遍性。

第三部分

打开旅行包

第七章　新习惯

本章将再次描述并探讨我们的旅行经历和到达斯凯岛第一个住处的情景，这让我们想起了当时的期待、不合群以及到临时新家后习惯被打乱的最初几小时。回到本雅明先前提到的概念，这种感觉对我们的身体特别重要。我们对新环境感到陌生，脱离了以往的习惯，不清楚洗漱、睡觉、吃饭的地点和方式。我们认为，这种体验说明了特定旅游环境下"不熟悉的主体"的问题。也就是说，"到达"到"进入"一个新地方涉及从定居地到目的地的转换，也包括从情感和物质上将"在家主体"习惯性的和理所当然的仪式问题化。我们也许能将后者称作具备仪式、习惯和癖好的"熟悉的主体"。

与行李一样，游客之所以被称为游客，是因为其离开了家。初来乍到，面对陌生的环境，主体所熟悉的"日常习惯"被暂停。我们通过强调客体关系，把它作为克服"不熟悉的主体"问题的关键要素，可以拓展该论点。就此而言，如第二章中所定义的客体关系有两种有趣的形式：一方面，如我们所看到的，它们对陌生事物会感到不自在；另一方面，客体关系是克服不适感、慢慢适应新环境的核心模式。其中，实物对于创造和适应"不熟悉的主体"至关重要。

本章最后讲述如何通过客体关系和一些相关的社会惯例来应对"不熟悉的主体"。我们认为，游客"对习惯的重塑"是解决"不熟悉的主体"问题的有效方法。这绝非有限的行为，而是在新生社会关系中一系列的谈判。引用特纳的术语，它是结构化和反结构化的一部分。以第一晚在青年旅社的厨房做饭和吃饭的情景为例，在这个临时的新家，我们将自己重塑为"熟悉的主体"融入其中的社交生活。我们发现旅馆提供了与其他游客开展跨文化交际的"沃土"，我们先从"到那里"谈起。

到达一个地方这个动作，不管在现实层面还是比喻层面都是一种转变，让我们的身体面对各种风险。一方面，无论坐车、坐船、坐飞机或步行都有潜在危险。另一方面，一个人接近陌生环境时，会遭遇不同类型的风险和混乱，这也是一个人近距离、亲身体验到的多种差异，这不同于在第二部分提到的非游客模式，现在已成为游客状态下的期待模式。在旅行的转变过程中，从旅游指南中学到的知识会受到质疑——当我们还在找通往乌依格（Uig）的第二条路时或在地图上找所在城市具体某个地点时，那些指南上的文化、人口、当地特色菜等信息就不是那么有用了。出发前悉心准备好的物品、地图和旅行手册，以及旅行知识和建议不能完整地包含新地方的各类信息，并在许多方面存在差异。

我们开车从格拉斯哥出发，一路向前经过洛蒙德湖，向着威廉堡前进。这条路果然名不虚传，车流量特别大，我们也特别小心，以防撞车。在仲夏里，这条狭窄蜿蜒的路上都是来自世界各地的游客，都在很费劲地应对繁忙的车流。我们特别注意夏日开车的潜在危险，同时又担心错过任何一个关键路标，这意味着要睁大眼睛和竖起耳朵，时刻注意各种情况，这样我们才能安全到达斯凯岛。

我们出发去做调研时，既兴奋又不安。求知欲加运气让我们这项有意思的调查获得了资助。在途中聊天的时间总是过得飞快，我们认真谈论了一系列学术上的"如果"话题。当看到有外国车牌的小汽车或车牌号以T开头的租赁用车时，我们特别开心，甚至像小孩子那样叫起来。这些车表明我们研究的"目标"就在身边，证明我们的方法是对的。

最初的兴奋逐渐变成平静的期待。苏格兰炎热的夏日开始影响我们的谈话，腋下开始出汗。绵延公路上的长途旅程开始让我们感到疲倦，但当看到斯凯桥时，那种感觉就消失了。接着我们有一阵强烈的不确定感，或许是过分焦虑，我们想知道通往青年旅社的转弯处在哪里，该在哪里停车，到底会发生什么。这种高度敏感（对可能出现的事故、路标、可见的"研究对象"等）好像表明有那么一个时间段，在其间我们存在和认知的方式及其在身体中的物质化表现，在不同的层面处在危险当中。也就是说，在新环境里，所有新情况都可能出现，此时我们相对牢固的自我意识将被打开，以迎接新事物。

还没打开行李，我们就已忙于应对新环境中各类不确定性了。我们打开行李才意识到现实情况有诸多不同，这些是旅游指南无法让我们准备的。日常生活的各类风险是可预见的，但旅游指南并没有告诉我们旅社的规则，旅社是如何运作的，在那里会碰到哪些人，应该如何应对。就我们的习惯和应对旅社中未知事物的能力而言，身体面临风险。

对未知的疑问留下了"脏的"痕迹，既是象征性的又是现实存在的。它让我们先前打包的知识和期待不再"纯洁"。它们添加了层层尘土和污垢，也许还排放了废气和汗液（用力搬行李箱后流下咸的、水分含量较高的汗液；因紧张流下的气味重、含尿素的汗液）。转变对我们的身体和类别产生了严重的影响，并让有形的、有知识的身体陷入危险。它与我们经历的紧张、兴奋、恶心、高兴等情感相互影响。也许旅行会使人疲惫，不仅是因为到达目的地很耗体力，而且是因为在新的、不熟悉的地方，熟悉的身体、情感路线和日常习惯必须暂时改变并重塑。曾经轻巧的行李和轻快的心情现在变得有些沉重，无论多少准备或意识都不能够改变游客所面对的现实。

正如第二部分所述，期待和旅游活动的临时感，都与物体紧密相关。我们到达旅社同样如此，因此，我们也许可以说，客体关系是在新住处产生新行为和感觉的关键因素。

比如说，入住青年旅社后，我们做的第一件事是处理车里的行李。我们讨论了哪些物品因"贵重"需要放在车里，哪些物品应带进旅馆，放在自己的房间里。我们在此判断是否"贵重"的理由很有意思。留在车里的是笔记本电脑和其他装备，还有专著和一些文献，这些加起来的确有些经济价值。我们还把靴子和厚衣物放在车里，因为旅馆目前的环境并不需要，它们主要是为未来的徒步和苏格兰多变的天气而准备的。

　　我们只拿了装着衣物和洗漱用品的帆布包进了旅馆，这些是最有价值的，因为它们能满足我们住旅馆时最直接的个人需求，不只是满足身体的日常仪式，也是为了创造一个更为熟悉的居住环境。从这一点来说，更加明显的"物质"转换开始在行李打包和拆包之间的阶段发生。我们将帆布包放在各自的宿舍后，去买了一品脱牛奶喝茶用。

我们作为游客，活动的临时性的特点体现在新家的一些重要的实物上。回到旅社后，我们拿着牛奶径直走向厨房。冰箱成为最吸引人的话题，它好像精确记录了我们作为游客的时间和空间。稍后，我们将关于冰箱的讨论录了音，其中有这么一段：

　　艾利森：这台冰箱真有意思，里面还可以记录名字和日期。
　　加　文：食物上标的名字和日期真的令人难以置信。
　　艾利森：这说明我们在这里的时间很短，那就是标明我们身份的方法。

　　放在冰箱里的每种食物都要标上主人的名字，这正好将我们带到本次研究的核心议题。写在易腐烂实物上的文字是新家的临时范围，上面写的名字主要是德语。临时性并不只是一种身处陌生的地方带来的感觉。在这个具体的例子中，这也是一种社会惯例，它遵循了如何共用冰箱并尊重他人财产等一系列不成文的规定。在这个意义上，冰箱里的物品发挥着某种能动性，划分了各自的势力范围。它们表明，使用厨房时有一种特定的方式，我们要了解并且遵守。冰箱这个实物让我们了解旅社的社交规范，为我们提供了新家暂时性的物证以及应对暂时性的社交方式。

　　对陌生事物的不适感不仅体现在冰箱上，还表现在其他物体上。看了冰箱后，我们决定在各自房间里休息一个小时。我们想洗个澡（外面特别热），单独待会儿，然后晚上再去厨房或餐厅和休息区做研究或去逛逛。

图 7.1　在青年旅社的厨房里准备食物

我，加文，去厨房准备晚饭前，在床边躺了一小时，觉得很不自在，是因离家而感到不自在。不知为何，我觉得身边的东西有点"怪"或"不同"，于是觉得很不自在。它们气味和外观都让我感到不自在——带霉味的床铺、皱巴巴的单人枕、有点凉的洗澡水、旅社里毛发和脏脚印以及隔壁房间的噪音。我想知道（也许知道）我是否太计较这些事物，是否有必要去克服。

我躺在床上才感到又饿又累，脑海里闪过很多问题。要如何与陌生或古怪的人共享这个地方？如何与他人分享某些隐私？看到其他人的物品时，我就开始想象他们是谁。当然这是令人感兴趣的（话题）。他们年轻或者年长？什么国籍？我们应如何共处？他们打鼾吗？睡觉时放屁吗？我安慰自己时间会证明一切，但时间也提醒我去吃点东西，安慰肚子饿得咕咕叫的我。

与此同时，我，艾利森，也到了自己的宿舍。这里人挺多，来自不同的国家，在开心地大声聊天。我同样热情地和每个人打招呼，找了一个下铺，将隔脏睡袋铺好。我心情不错。我对此很熟练，以前做过多次。我带的包也如此，我能轻易地拿出自己想要的东西。

我的上铺是一个西班牙小女孩。她床上摆着一个戴着苏格兰花呢宽顶无檐帽的尼斯湖水怪玩具。她隔壁宿舍的朋友突然闯进来。我喜欢有人说话，这能打破安静的局面。她们笑着从走廊走出去了，我开始和两个比我年轻的女士聊天。她们问我是否去过城堡并递给我了一张传单。"这个贵吗？"我称赞她们英文讲得好。"我老犯错，但是人们似乎能听得懂。"我起身去洗手间想快速洗个澡。有两位女士在里面，一个在冲凉，另一个和她说话并用干毛巾在擦身体。

——我可以把你的剪刀放远一点吗？（德语）

——嗯。（德语）

——嘿，我可以踩在你的人字拖鞋上吗？（德语）

——你随意。（德语）

——如果你现在打开开关，水温正合适。（德语）

我很快就准备好了并适应了新环境，熟悉的语言也让我很开心。之前我并没有意识到我还会想念自己的语言。回到旅社我感到很欣慰。它让人感到安全、熟悉和自在。

上面关于食物和休息的问题似乎表明一种特别的关注，所关注的是身体的仪式和弄清楚我们应该如何去保持吃饭、洗漱的习惯。即使是宝贵的几分钟或几小时，我们视为理所当然照顾身体的习惯已被打破。生活中的惯常的事物已经改变，我们需要重塑习惯。因为当我们脱离惯常的生活来到一个新地方的时候，时间就仿佛放慢了脚步，我们会更加自觉地思考和质疑身边的事物。更多对身体问题暂时性的评论预示着我们身体（之间）的关系已经被列为议题。显而易见，其他到访者也会遭受同样的境遇。时间的不连续感，好像断裂一般。到了该改变的时候，身体之间关系的重塑却并不容易。在这样的背景下，问题是"不熟悉的身体"——生活失调下习惯所蕴含的某种内在知识。换句话说，身体间每天的运行机制所构成的"熟悉的身体"将有必要改变。我们需要在不熟悉的客体关系中应付身体潜在的一面，重新学习惯常行为在新环境里的情形，不论环境里有的是新事物还是旧事物。

客体关系将新环境带来的陌生感进行编码，此外也有另外的功能。它也是协调和克服"不熟悉主体"，即脱离习惯身体相关问题的关键因素。

回到宿舍，我，加文，拿出帆布包里的物品，它们让这个空间更像我的地盘，尽管只是暂时性的——闹钟、睡觉穿的格子呢平角短裤和T恤、一个便签簿和一支钢笔。这些都是出发前精心装好的物品，因为它们对我的日常生活很重要。我把这些东西放在床上或枕头附近的地方。也许那些是让我感到舒服的位置，能让我随时拿到需要的东西——既在视线内也在伸手可及的范围内。不管怎样，将熟悉的东西和陌生的东西混在一起是一种好方法，它不仅能让空间变得稍微舒适一点，也能标出那是我的空间，尽管是临时的。正当我拿起洗漱包和毛巾准备冲澡时，对住所"适应感"又变弱了。这次的问题是：该将毛巾放哪里？如何使用淋浴器？洗澡间足够私密吗？有热水吗？一天内哪几个时间段提供热水？在此环境下，对身体的各种问题又出现了。

即使在最开始的时候，我们能看到客体关系是如何体现两种特点的。也许它们有双重身份，对脱离习惯的身体问题的出现和解决都产生重要作用。协调各类关系是旅游体验的重要内容，而客体关系始终是协调活动的重要因素。协调永不穷尽，包含了一系列持续出现的社交实践。我们认为，对"不熟悉身体"的建设性的答复可能先要树立旅游涉及"习惯重塑"的观念。然后再探寻这种"重塑"和与之相关的社会实践，就会有启发意义。重要的是，这种重塑是和其他人合作完成的，是社交和跨文化的努力。

我，加文，换了衣服后，觉得自己已经"独处"了足够多的时间，应该到厨房这个公共空间与食品和其他人互动。在厨房，我们试着去重建对食品和其他人的应对方式，我们是在跨文化的背景下逐步实施的。重要的是，这些关系是在一系列特定和新出现的客体关系与物质交换中产生的。它们需要多种现象——语言、人、故事、人工制品——来引起我们的关注，让我们参与跨文化关系。跨文化交际来自与某件东西相关的物质需要和物质关系，并在谈话过程中持续发展。旅游活动（被视为习惯重塑）需要特定的背景（被嵌入），通过身体（被具体化的）和日常（每一天）生活实践才可以实现。准备食物和吃食物，是对旅游包含的、具体的、日常特性的关键背景。我俩的日志对此都有记载。

厨房里大家都很忙碌，但不嘈杂。我们准备食物时都很专注，不做声。我，艾利森，走去拿面条和调味酱，找平底锅。洗碗槽下的架子上摆了很多类型的茶具，我看到摆的样子很可爱，还开心地笑了下。我对其他人做的食物很感兴趣。这里有许多杰出的"作品"，大家边做边聊：

——不，并不像那样。（德语）

——我们可以写一本青年旅社食谱。（德语）

有人在煎香肠、土豆和洋葱，我已饥肠辘辘了。我想和这些人待在厨房里切磋厨艺，但我们有点太务实，图简单就吃了个快餐。这绝对是一个错误。

在青年旅社的厨房里切辣椒有其复杂性，因为它可能还算不上日常习惯，这是因为它发生在一个不熟悉的厨房，同时有陌生人在场，这就需要针对我们的身体（也包括其他人的身体和言语）及其在青年旅社的习惯进行一系列微妙的协调。重要的地方在于：稍微移动身体；最初紧张的动作；重复某些行为让其成为事实；焦虑与不安。

我，加文，走进厨房时发现已有位中年男士在灶台旁做饭，他还看了我一眼。厨房里有两张标准的餐桌，周围是一些厨具、操作台面、几个洗碗池和一个靠墙的冰箱。我决定用离男子最远的桌子，另有两个带北美口音的女孩正聊得火热并"侵占"着另一张桌子，于是我不得不走到男子旁边的桌子。我从那个敞开的、存放食品的橱柜（我在其中一个格子上标了名字，因此暂时属于我们）里，拿出几个辣椒，把它们摆在桌上，好像在宣告这是我的"领地"，其他人不得使用。我并不知道其他砧板在哪里，另外还需要一个烧锅和一个平底锅。我从女孩们身旁走过，看了看抽屉，找到一把刀，但没看到砧板。在走回去时，不小心碰到她们，说了声道歉。这时，我发现洗碗池旁有一个砧板。我擦干后把它放在操作台上。可惜这是把钝刀，于是我在抽屉换了一把。再次从女孩们身旁走过时，我笑了下，表明我要过去。然后，我开始切辣椒，灶台旁做饭的那个男士也朝我笑了笑。至此，我开始明白这个空间的情况及其布局，哪些器具能用，哪些不能用。作为一个陌生人，我通过重复观察和道歉进入这个空间，一切变得更慢，更有目的性，更加"令人担心"。

新习惯（这个例子是指准备食物）意味着新的、具体的、实际的实践，意味着笨拙的、容易出错的、新的摸索过程。这包含用务实的方式来了解如何"适应"青年旅社：怎样在公共空间里准备食物。但是它也包含了解如何在公共空间展示自己的存在。新习惯涉及将我们的身体放在这个公共空间，并得到认可，同样涉及将空间及其象征性的、用规则管理的秩序具体化。这并不是说旅社是让我们想到的一个空间，而是指通过我们与他人的互动，空间拥有了本体论的特性。通过与他人交流，我们让空间得以出现。然而，这一观点不应该用来淡化空间的限制性在影响社会关系方面的重要角色。这些社会关系可以调解我们的互动。物理布局及因此产生的物质性，以及青年旅社的文化都参与构建了这个促进游客互动的特定背景。厨房的公用性使做饭过程中的互动成为可能，这点不足为奇。我们后来反思了这种现象，也反思了物理空间的重要性。

加　文：好像有五个煤气灶、四五个洗碗池。一个做了标记放盘子的橱柜，这也是个重要的分界点和进程的标记。值得注意的是，这些设施都能提供不同的场地，是被隔开的场所，在这些地方你更有可能进行不同类型的互动。所以举例来说，如果你站在炉灶旁，更有可能与他人分享这个空间，比站在 ……

艾利森：一个分类架旁。

加　文：完全准确。厨房作业台是一样的，对人类而言，这些都是帮助建立话语场的重要材料。我在思考的另一件事是物质空间以及房间内部按照物质和社交功能分成几部分的方式，这对于产生和促进不同的交流很重要，但从某种意义上来讲，这些是人造空间。昨晚占着作业台的是四位女士，她们有着北美口音，开始时我猜她们是美国人，但其实是加拿大人。于是那里就变成北美的空间，她们在谈旅行经历，其中一位做了特别详细的评论。在我们这个空间里，我们自己正在使用煤气炉做饭，一位德国人在切土豆，另一个人的父亲在其身后帮忙，我想他们也许在做鸡蛋沙拉。

艾利森：他站在两人中间，指导他们如何配菜和做菜。

厨房的空间布局，如同其公共的象征秩序一样，对我们和其他游客有着实质性的影响。作为一个公共空间，对它的占用及暂时的所有权总是可以谈判的，所用的方法是找个地方存放干的食品或在冰箱里找个放东西的角落，然后设法找到餐具的位置。因此，就空间而言，这种缺乏明确所有权的特性让我们进入各类社会关系并参与谈判。它为具体形式的跨文化交际创造了存在的条件，不管是话语的还是物质的。

在所有我们住过的旅馆里，食物及烹饪过程都是认识其他游客的绝佳机会。那些语言和文化与我们相同的人——尤其是来自北英格兰的那一家人——向我们讲述了他们对其他欧洲人做饭方式的看法。单一文化活动不时地被"其他文化"的语言、反思、食物或物体所打断。当坐在餐厅吃饭时，人们可能微笑，表示对某个事物的赞许和肯定。在斯凯岛上的旅店这种跨文化空间里，游客们与和其他文化接触，代表了他们愉快地接受了这个丝毫没有文化隔绝的空间。我们从厨房里跑出来，写下对切辣椒这个事件的一些思考，然后返回去做晚餐继续我们的研究。不同语言和不同的烹饪方式——为我们与其他人交流提供了大量机会。一些交谈正在继续，但我们并不参与，我们只是在积极地观察。我们想了解参与交流是如何发生的，以及跨文化交际何时能从肢体语言和默认变成接触，变成语言交流，甚至变成使用其他语言而不是用英语交流。

这种交流出现第一次后，以后还会通过实物和现实需求有规律地出现。我们正在做酱汁和意大利面，一个德国家庭在我们旁边的炉子上做饭，我们需要火柴并且必须向他们要——于是交流开始了，我们用德语交谈，最后一起吃饭。他们请我们吃沙拉；我们倾听他们的故事来作为"回报"。或许，不可避免的是接下来要谈的就是在苏格兰旅游的游客，以及他们所见、所做和他们所带的物质和文化行李是否达到预期。

我们和这个德国家庭的交流包含重建吃饭的习惯。它来自对食物的物质需求，并在日常准备和分享食物的实践中得以实现。它在交换的过程中形成，我们在其中交换食物的原料和其他基本食材。就此而言，这里涉及一个有趣的价值转变，我们吃的食物是从当地超市买的，而超市是供应链的一部分。供应链则是通过资本等价和基于金钱的交易来确定基本食物的可买性和"价值"。

然而在上述背景下，交换机制发生了改变。在食物（生菜、沙拉和绿茶）传递的同时，所协商的各类价值也在发生改变。在这个交换中被实例化的价值不是经济的，而是社会的。这是一种友谊、一种好客精神以及一种分享食物的邀请。这种交换发生在市场"之外"，在青年旅社的经济模式中。生菜通过不同的交换机制被传递，而这些机制基于对立的原则和交换程序。它的价值不是通过基于金钱的市场交换的等价交换来确定的。相反，它标志着一种高度背景化的交换过程，执行的是一种礼物交换原则，在第二章中我们已对此做了探讨。因此，所交换的不只是生菜，也包括一系列的眼神，友好的微笑和对钝刀的评论，通过这些过程，我们最后和这家人一起"吃饭"，这既是事实上又是象征意义上的行为。

从厨房来到用餐区，我们的食物已不再只是食物，而是一个故事。我们一起吃饭时，他们讲了徒步的经历，有些是旅游指南推荐的。他们说了具体的路线，然后看着我们，或许希望我们知道这些地方在哪里，并有相同的经历。他们谈到出乎意外的好天气，以及他们从哪里来。从这些对话中，我们对他们的生活有所了解。也许这个故事最有趣的部分是关于尼斯湖水怪。这位父亲和我们一起逗他的儿子，都假装说自己见过水怪。交谈的有些内容涉及比较——拿他们通过神话传说、旅游指南和日常对话构建起来的期望与现实情况相比。此时，这位父亲暂停了主观的加工处理，而这些加工处理恰好能将他在苏格兰的旅游经历组成一套叙事结构。

这是我们第一次了解并意识到叙事和讲故事的重要性，也是游客进行跨文化交际的重要模式。另外重要的一点是，在这次对话中我们混合使用了英语和德语。在用语言交流时，我们对语言进行了混搭。在对话中，跨文化交际通过语言、故事和一系列的实物交换进行得很顺利。我们已经开始重塑习惯，切辣椒、借火柴、交换眼神和微笑、赠送生菜、分享话题和喝茶等行为成为很重要的社交实践。我们从中对这个暂时的家有了更多的了解，因此也感到更自在。当我们重塑饮食和睡眠习惯时，我们适应和改变了能让自己与他人相处的具体技能，这些都是共睦态（communitas）的重要时刻。

特纳在他关于仪式和戏剧的著作（Turner，1982）中提出了三种形式的共睦态：自发的（spontaneous）、思想的（ideological）和规范的（normative）。书中，他受到布伯（Buber，1954）关于对话词语以及"我和你"（Ich：Du）人际关系的研究的影响。共睦态是一种社会的、集体的存在形式，在其中正常的等级结构，尽管没有从意识中抹去，但已被中止。总之，他把共睦态看作一种典型的形式，它出现在社会规则被中止时的反结构中。自发共睦态是"一种对人类身份直接的、即刻的、完全的对抗"（Buber，1954：47）。思想共睦态是指理解自发共睦态的方式，以及对社会和人类互动的看法的发展过程。规范共睦态指的是一些团体，它们试图建立或维持一种长久的、自发共睦态，如宗教秩序。对于特纳来说，共睦态是日常生活体验的一部分，是一种存在方式、一种习惯，它并没有遗忘社会游戏的正常规则。这是我们在研究中发现的，旅游也同样如此。

旅游可以是一种包含自发共睦态的活动——它能形成和确立一系列新的关系（即自发的和睦）和不同的生活、消费、烹饪、洗漱、交谈和分享方式。旅游也有时空维度，我们想象与回忆中的过去、现在、未来都可在此体现，这是一种思想共睦态。就青年旅社这种形式而言，它代表了一种促进半永久、规范性空间的运动。在这些空间里，尽管住店客人一直在变，但自发共睦态还是能持续。很明显，青年旅社是个特别的空间，人们可以在此体验到共睦态和跨文化交际（Richards & Wilson，2004）。我们并不想说所有的旅游体验都存在共睦态，尽管我们认为，旅游提供了一个特别的机会让日常生活重新被常规化。如果共睦态出现的话，这些日常生活受到根本影响。

共睦态可以变化，对共睦态体验的叙事表明，情感和感官维度在新地方将我们作为游客的集体生活再次惯例化时，会引起我们的关注。共睦态的确是特纳所定义的那样，但是在苏格兰旅游这种类阈限和阈限的环境中，它也包含游客生活中的各种现象在情感上的关联。它涉及新来的人、新的实物，一系列新的感官和感觉刺激，以及在新地方听见令人兴奋的口音，这些因素都能引起我们的关注。我们需要中止正常的生活规则，而一些能产生新结构的社会存在模式将随之出现。此外，也需要一种停顿，让游客在有点让人吃惊同时让人改变的感知交流中稍作停留，而这种感知是指游客感觉到身边发生很多现象，同时也参与其中。

那天晚上回到宿舍时，我们既疲惫又兴奋。以前感觉冰冷而没有人情味的床铺，现在因为摆了闹钟、脏裤子和一本书说明了有人在住。我们很累，于是就不再去关注这种逐渐消失的陌生感。当我，加文，快要入睡时，我看见黑暗中有室友在摸索着，脱下牛仔裤，轻声说话，溜进被窝里。有人小声对话，有人放屁。当那些好像回来更早的室友入睡时，他们已开始打鼾。

第八章　交换故事

在上一章中，我们提出将旅行生活中的暂时性视作一种物质现象，其核心为"不熟悉的身体"。我们认为，抵达和进入一个临时住所时，身体在物质、情感和文化上将面临危险。身体的习惯脱离以往熟悉的环境，需要找到新的、务实的方式来适应在新家的生活。我们探讨了客体关系的双重角色，即它能创造又能减轻身体因"脱离习惯"所造成的不适感。从这个角度来说，我们认为，旅游应该被视为与"习惯的再改变"有关的一种社会行为。

在上一章后半部分，通过做饭和吃饭的例子，我们展示了"再改变"是如何通过与旅馆其他客人协商在社交实践中得以形成的。在参与青年旅社的社会关系中，我们密切接触到它的物质空间（厨房的空间划分），实物（火柴、刮铲和辣椒）和物质实践（烹饪、微笑和吃饭），在该过程中，出现了自发的共睦态和实现了跨文化交际。不同形式的对话是由这些不同的物质促成的，同时对话也产生了自发共睦态的关键模式。这些与旅游和跨文化交际相关的各类物质和与它们相关的情感和语言，为本章提供了写作的依据。

我们在此的目的是深入探讨这个"物质"基础和与其相关的情感状况，特别是在旅游中的跨文化交际很活跃的背景下。为此，我们通过不同的交换揭示了跨文化交际是如何能活跃起来的，并特别强调这些交际是在自发共睦态状态下通过语言和叙事产生的（在上一章我们与德国家庭的交际是个典型的案例）。我们还再次强调，实例来自苏格兰青年旅社的特定背景，我们并不试图提供一个把旅游视为共睦态的伟大理论。我们关注的是在特定背景下，某些跨文化的、旅游现象和它们在我们认知中的相互作用。

我们认为，交换和叙事——不管是口头或书面的——都是移动文化的关键传播方式，而这些文化也是跨文化、旅游现象形成的场所。在这点上，我们说明了社会实践和故事之间的关系是怎样成为跨文化交际的关键动力的。实践带来故事，故事带来实践，这是跨文化游客交际的一种解释学的循环，其中，实践和故事为彼此的出现提供了条件。

受卢瑞（Lury，1996）和特纳（Turner，1982）的启发，我们从两个分析视角证实了实践和故事共同存在的特点。首先，我们调查了旅游的"社会生活"和跨文化交际是如何"有内容"的。换句话说，我们将延续上一章的思路，继续探讨不同的促成跨文化交际的物质（物品、实践和身体）是如何影响旅游生活的。我们将拓展这种思路，具体来说，即关注这些物质和情感交换的多样性和创造性是如何产生某些故事的。我们将探索故事在旅游生活的社会、时间和组成方面所扮演的重要角色。其次，我们将调查在旅游领域某些事情和感情是如何拥有"社会"生活和由此而来的"跨文化生活"。就此而言，我们将探讨自己的和其他游客使用旅游指南的"经历"，因其通过不同的社交方式在传播。

一、日常旅游：纯粹玩乐不工作？

当我们思考旅游作为跨文化交际如何拥有事物和感觉时，我们会被吸引去思考工作这个话题，这些工作会在日常生活重新常规化的过程中以及在旅游时出现。我们认为，旅游能促成某种对事情或感受的掌控，并不仅是狭义上的消费者文化。此时，这里提到的"工作"不能理解为狭义的带薪工作，而应从更广泛的角度，把它理解为任务或者承诺，这点很关键。同样关键的是，交换不能被视为仅在资本关系中出现。当我们谈到旅游中的工作，谈到因为与外界接触而拥有的事情和感觉时，工作需要更广泛的定义，不能局限于社会学和西方社会对工作的传统解释。

换句话说，这是关键的一点。要理解旅游中的工作，我们有必要超越疏远的现代和浪漫派的或异国风情化的他者这些比喻，把工作视为包含了休息的行为。我们认为，旅游为重写日常生活规则创造了机会，为了得到某些具体的反思以及能在西方社会将想象变成一种特权，这吸引我们去重新思考带薪工作和带薪休假的二元结构。

把旅游视为工作也许最能（尽管从下一章可以看到这并不是唯一的）在青年旅社里感觉到。那些旅社是创造力、生活的自我创造的重要场所，也是生活、烹调、清洗和打扫的重要地点。人们分享空间和时间，协调价值，有时候很轻松，有时候很不自在。正如我们之前所认为的，在这里，在相关的劳动中，在非私有的、自发的共睦态中，跨文化交际变得活跃起来。创造任何的共同体似乎都是一项艰苦的集体任务（Ferguson，2001）。它的交换结构是日常的需要、实践和物品的物质形式。因此，如果旅游与日常生活及其具体的物质性脱离，与习惯重塑、劳动、文化变化和错位等现象情感脱离，它作为跨文化实践就不会有价值。

正如我们在第二章提到的，工作和休闲的二元性是经常使用的一个比喻，不同的学者用此来研究旅游，把旅游看作身体（也包括其功能和情感）放松的一种活动。这个区分方法是有问题的。一方面，把旅游看作全是休闲而没有工作，这过于简单，并且是一刀切的做法。在表 8.1 中，我们列举了在斯凯岛度假时参与的各类日常活动。它们是指示性的、有语境的具体交流形式。这些交流超越了商品关系，也例证了工作和私人物品能发挥更广义上的额外作用。

我们认为，这个表模糊了旅游作为工作和作为休闲的界限。洗漱、吃饭、遇见新的人，扔掉东西和赠与东西，这些活动让我们感觉更好。对我们来说，这些可以算是不同的工作形式，包含了对身体的关怀和与其他人互动时需要的劳动。重申一下，这个问题在于，"工作"被狭隘地定义为"雇佣劳动"，这是资本主义劳动的关键因素、某些西方国家发展工业和经济关注的因素。

表 8.1　每天旅游生活的实践

我们观察和参与了以下活动：
洗脸 / 洗澡
做饭
扔掉 / 提供东西

上厕所
睡觉
整理东西
讲故事
购物
送礼
花钱
参观景点
遇见新的人
准备和共享食物
记录实践
交流
说外语
参与跨文化交际

如果将工作的概念向基于工资经济之外的意义拓展，我们可以把旅游中的习惯重塑视为在旅游跨文化交际的一种劳动。这个劳动通过物体和语言来实现。表 8.2 列出一个短清单，给出了一些我们在交流中观察到的和参与的实例。

即使这个最简短的清单都能说明游客在交流中会参与各种各样的活动。无论是油桃或明信片，茶或动物玩偶，每天游客交流的内容都包含了大量不同的和有时令人吃惊的物品。这意味着，如果把旅游理解为只在某种抽象和无名的"市场"上出现、基于金钱交易的休闲形式，那就太简单化了。重申一下，旅游不只是消费性服务行业，同时也让参与旅游的自我与他人很辛苦。实际上，我们也可能把旅游理解成"工作"（或劳动）的一种具体形式，涉及多种不同交换形式和交换用的物品。一种重要的交换形式是不同语言的使用。

二、浅谈交谈

产生跨文化交际和人际认同的地方就是生活在进行的地方，是有"重要功能"的地方。那里可能是个厨房，或如我们当中一个人发现的那样，是个女厕所。不同国籍的人在这里的交谈，话题与实际的环境和空间分布有关。像"这里太窄了，我背着包过不去"这样的评论和在狭小的空间里肢体动作的交流所引发的其他对天气或地方的评论。实物、狭小的空间、大量的文化符号和潜在跨文化是交际的重点。

表 8.2　交流短清单

油桃
奶茶
黄油甜酥饼干
羊角面包
橙汁
故事
个人简历
饮料
电子邮件地址
电话号码
我最喜欢的东西：威士忌、音乐和文学作品
升车机
人行道
照片
风景
观点
事业和抱负
学习
语言
摇蚊
盖尔语
来自法国的记忆
单一麦芽威士忌
旅游指南
明信片
邮票价格
去的地方
马莱格轮渡时间
送礼的点子
天气

无论是与风景、实物、食物、空间，还是与人或与他们生活中的语言和符号接触，旅途中的不同时刻都以语言和口头叙事的方式得以呈现。语言在交流中至关重要，它以不同的方式发挥作用，如在表达意思时、讲述

经历时以及在交流中出现叙事时。

比如，我们的一项观察涉及语言的混合使用（英语—德语和英语—法语）在洛哈尔什的凯尔村旅游时，我们就注意到一个关于实物的语言混用的例子。那是在当地的游客咨询中心，两个德国人到达后在对话："Wir sollten ja bald ein Pub aufsuchen。"（"我们等会儿应该去找一个酒吧。"）因为人与物的互动和观点的交流，某些文化物品能够使语言混用成为可能。语言根据其他文化的物品而改变自身，它们特别能够接纳新词汇和新物体。我们在跨文化交际中观察到了相似的语言模式。

不同国家的一日游的游客挤在同一条船上参观了库林山脉和科鲁伊斯克湖的中心区域后，回到埃尔戈尔的栈桥，来回共花了四个小时。

> 女儿：好，我现在又可以说法语了。
> 母亲：我们明年将去法国度假。
> 女儿：我要给她写信，了解她的情况……"生日"这个单词用法语怎么说？
> 母亲：Anniversaire?（法语：生日？）
> 女儿：Quelle date est ton anniversaire?（法语：你的生日是什么时候？）
> 母亲：我把那些法语书拿出来。

一个法国家庭和一个英国家庭相识了，在旅行途中甚至在码头分别后，把语言看作对话最重要的主题，而不是去库林山脉游览时所看到的壮丽风景、明媚阳光和蓝天白云。正如上文所提过的，伊恩·里德（Ian Reid，1992：1）认为：

> 我们渴望叙事，渴望交流。这两种强烈的愿望是人类文化固有的：把我们的经历讲述成故事，把故事视为可以交换的东西。

在旅馆住的两个晚上，我们和其他游客交流、交换故事。在一天结束时，我们又会见面，此时我们已有一些岛上的经历，于是这些经历又会出现在当天的故事中。我们在厨房、洗衣间、公共休息室或宿舍，或者在饭后喝茶、喝咖啡时来分享这些故事。故事有时是用英文讲的，有时是用法语和德语讲的。我们使用其他语言的能力引发了对那些语言和语言学习的很多讨论。这里的第一语言是盖尔语，于是我们也磕磕巴巴地说着盖尔语的常用词汇，并和其他人分享，后来我们还在明信片上和旅行日志中写下这些词汇作为纪念。有些人阅读旅游指南，其他人在晚上写日志或明信片，这些都进一步说明人们对叙事和交换的渴望。

我们还特别观察了其他语言能给游客多少帮助。比如标牌、旅社、游客咨询中心和酒店翻译使用的程度是否很高？多数情况下，很少有翻译。与旅游业相关的这些场所大多数只用英语，有些也用盖尔语。使用翻译的地方，通常在边缘地带，起保护作用。像"悬崖危险""靠左行驶"这样的标识是有翻译的，女性怎样处理卫生巾的指令也是有翻译的。

多数情况下，翻译质量很差，除非是那些由旅游局委托的翻译，但其译文也平淡无奇，因为主要目的是准确并能实现宣传功能。有些由个人完成的翻译就特别滑稽了，如表8.3所示。

从该表中，我们可以看到主人很愿意在招待客人时回应与食物相关的问题，这被我们视为跨文化交际关键背景。所用的语言表明了乐于沟通，语言使用中出现的错误成为娱乐的素材，我们会开心大笑，并且这些错误成为我们最爱的故事、旅行纪念品或奖品。

> 讲故事这件事暗示了人类根本的忧虑，暗示了人是不完美的。如果一切都完美了，就没有故事可讲了。（ Ben Okri, *Birds of Heaven*: Aphorism 18 ）

我们发现，后面几章提到的自相矛盾的情况也在此出现，这也反映了我们早先对口头和书面文化的观察。这个矛盾将游客经历中的大量不完美、简陋和无法预先准备的情况与精美的手册或豪华酒店所展示完美、专业、昂贵、奢侈的内容形成了对比。质量差的翻译会引起我们的关注，正确的翻译反而很快被遗忘。这里，在不同语言的接口，我们发现有个为共睦态以及与语言情感关联打开的空间，然而这在一切都完美时是不可能出现的。

图 8.1 "靠左行驶"——苏格兰高地的道路标识

表 8.3 你的鸡蛋要怎么做？

荷包蛋	Eggs-poached（英语）	Œufs à braconné（法语）	Eier-hat gewildert（德语）
炒蛋	Scrambled（英语）	a monté（法语）	hat geklettert（德语）
煎蛋	Fried（英语）	à fait frire（法语）	gebratene（德语）
煮蛋	Boiled（英语）	Bouilli（法语）	hat gesotten（德语）

三、故事无处不在

当问到斯凯岛上跨文化交际中的语言和翻译所扮演的角色时，我们就被带到叙事的核心内容，这里的叙事是游客交流的主要形式，因此也是

"做旅游"的主要形态。讲故事这个行为对游客具有重要的社会、时间和塑造身份的意义，我们现在将探讨这个话题。

斯凯岛的旅游环境充满了故事，有关于历史、古老的生活方式、威士忌产业、家族战争、波尼王子查理的故事，也有高地人口被强行迁居、盖尔文艺复兴的故事。当地编排的歌舞会通过音乐、舞蹈和故事的形式为游客讲述过去的故事。游客中心为游客和当地居民提供了视觉和听觉故事，通过不同的视角探寻斯凯岛的历史。商店则通过旅游指南、介绍历史的精美手册、有家族标志的钥匙环和高价的视频，让游客将这些故事买回家。

纪念品是那些能让故事和情感找到关注和领地的物品，它们并不只是商品关系的一种形式，而是具有更多象征意义和叙事潜能的物品。这里有大量的官方故事，它们包含在广泛的书写文化、神话传说和有关苏格兰公共信息之中。这些被商品化的故事主要针对游客，也面向当地居民。它们是"官方的""书面化的"文化故事（Turner，1982），如果你愿意，这些官方的文字故事会把这个岛塑造成旅游目的地和文化遗址。这些与第六章的故事相似。与官方故事同样有趣的是那些游客在不同场合传播的口头故事，我们在第五章已讨论过。我们写的日志也说明了这点。

> 我们遇到一个来自英格兰北部的家庭，包括母亲、父亲和两个孩子，他们去过这个岛几次。这一次，他们已经在那停留了一周。我们热情地与他们聊起在蓝水青年旅社第一晚的经历，他们则说起希望在岛上和孩子一起做的事情、为什么这个岛是带孩子们来度假的好地方，以及值得我们去做的事情。他们介绍了天气，提到这个岛是带孩子们去户外玩、呼吸新鲜空气，以及在山里和沙滩远足的好地方。他们选择青年旅社不仅是因为对一个四口之家来说，它比酒店和只提供床铺和早餐的旅馆更便宜，还意味着孩子能和"来自不同的文化、说不同的语言"的人交流。他们将在跨文化交际中学会与别人分享时间和空间。

我们这部分的交谈包括规范共睦态的形成及传播，它通过多种跨文化交际带来的情感和物质的影响得以实现。他们在协商金钱的价值——只提供床铺和早餐的旅馆和昂贵的酒店都不能让他们拥有一个划算的假期。他们特别提到，孩子们在度假时能有很多机会见到不同文化和语言背景的人。这点表明，他们对住宿的选择并不只是为了节俭，还有更多的考虑。与大多数消费行为的心理学模型相反，经济考虑不是孤立的、抽象化的判断标准，其他重要的价值也要考量在内。从某种意义上来说，他们可能正在培养孩子们对其他生活方式的兴趣，让他们尊重在和陌生人相处时发现的相异性。

他们强调，通过旅游时和他人接触，我们能获得体验知识，并还会因此获得体知型知识、情感知识。这告诉我们，有些父母是如何鼓励孩子学着成为游客、怎样欣赏风景、怎样与其他人交流的。他们向孩子传授成为游客的方法，这些做法说明、支持和维护了体验世界的特定方式。通过父母的视角，孩子几乎经历了一个进入社会的成人仪式。可能有人认为，这种启蒙过程表明了父母在白人中产阶级家庭中的主体身份。这种身份所体现的价值观似乎指导了他们的假期实践和叙事实践——讲述的内容和方式。这个家庭例证了特纳（Turner，1982）所论述的"规范共睦态"中的"相对重复的社会系统"。

他们讲故事的构成因素与我们和孩子相关。他们推荐我们去找"珊瑚滩"并在那里玩玩。那是一片沙区，位于岛屿中部一个湖泊旁边，由粉碎和沉淀的珊瑚形成。我们知道那肯定是个特别的地方。一起聊了很久后，他们才提到那个地方，在聊的过程中，他们好像在列出一张清单，上面有适合"像我们这样的人"去的地方。他们低声告诉我们，好像在透露一个只有他们才知道的秘密，那里是"人迹罕至的"，你在任何一本旅游指南上都找不到。是一群德国游客告诉他们那个沙滩的，他们又将这个信息转告给我们，教我们做什么事才算有意思。

四、故事的时间与空间

珊瑚滩的故事除开社会和形成因素，这种旅游的时间因素也很有意思，也许值得我们去研究。关注时间是有趣的，因为它让我们理解自己是或已"成为"游客的概念是如何通过语言和叙事来实现的。在此方面，我们看到旅游是如何受到社会行为的影响而不是某种明显的先验范畴的影响。

我们把自己培养成"有见识的游客"的关键在于我们所体验转变的时间在转变，以及用来表达这个转变的动词时态在转变。当我们在度假时第一次经历某件事，不管在青年旅社住一晚还是发现珊瑚滩，我们都会努力去弄清楚发生了什么，这时我们面对的是不确定、模棱两可和正在发生的事情。我们无法很肯定地说最终将会从这一新事物中"了解"到什么，因为我们还在摸索。通过时间，在这个地方重复自己的行为，然后通过故事，我们变得更加熟悉，我们的知识亦更加清晰。可以说，游客讲故事，其实是一种展示他们已步入"正轨"的方式。通过这些故事，他们展示了地域与情感之间的联系及其产生的影响，以及叙事交换中的想象力。

在第二次观察和体验后，我们可以创造基于反省的期待（Cooper & Law，1995），即将发生的事情很可能是基于已发生的事情。通过重复行为和使用语言构建意义，新感觉和新诠释转换成知识，体验的时态也随着变化，这也体现在语言的时态中。现在时变成过去时，不可知变成可知。我们可以说，通过重复某些动作让知识变得稳固的行为会创造出一种"经历语法"，它能让一个事件可以通过语言和它的言语行为成为话题。

就珊瑚滩那个例子而言，这家人去那里游览过多次，而且可能多次向别人讲述，这意味着他们认为自己对那片沙滩很了解。珊瑚滩从不可知的现在转移到可知的过去，它成为他们故事库的一部分，可以在参与社交活动时拿出来使用。珊瑚滩的故事和这家人以往听到的一些其他故事，是我们称之为"新游客语法"的部分内容，通过这种语法，我们可以认识到自己和自己作为游客的行为。我们在此见证了一个可执行的叙事结构的产生。

我们并不希望表明，只能通过文本、语法的变化才能体现我们在旅游。这将"造成把观看的方式归咎于物体的学术谬论"（Bourdieu，2000：53）。我们都接受过读写培训，都有可能把所见所闻进行解读并赋予写作。然而，把这种观点作为我们思考的出发点，并不意味着我们可以忽视观看与感受。对困难的认知并不一定需要学术上的自动反应，更多的是要承认努力的局限并且利用好有感觉力的身体。就像做研究一样，讲故事是一种通过身体执行的口头工作，它需要肌肉、情感、传统和历史的一起协作。

就时间而言，我们可能理解两种不同的"故事"。首先，有一种讲故事的情况经常是我们第一次描述一次新经历。它是粗糙的、即兴的，并且是不精确的，就像在青年旅社用钝刀切辣椒一样。但是能让别人了解我们的经历，这一点也很关键，我们可以称之为"故事创作"。其次，通过一些对比，就会出现"讲故事"或"叙事"。此时，一个故事已逐渐定型、被润色，甚至被"写下来"，不必要的内容已被删除。珊瑚滩的例子就是一个讲故事或口头叙事的实例，差异在于时间，时间从现在变为过去。作为游客，我们在讲故事时，心中都期待有听众，他们会对我们所描述的好天气、迷人的风景和物超所值的东西印象深刻。不管在什么情况下，时间对游客知识的产生都很关键。通过"被修复的行为"，叙事提供了一个能马上用于社交、创造社会界限的语法结构（Schechner，1982）。通过这种语法，度假期间发生的事件不再受时间和空间即时性的约束，它们可以通过叙事不断地更新和再创造。

五、积累故事

很有意思的是，游客积累故事的方式与人种志研究者在研究现场的角色有诸多相似之处。人种志研究者需要浸入某个文化环境里，去了解它的体系、规则和脚本，然后使用各类学术性的叙事方法将它们重新描述，而游客，就像来自北英格兰那家人，也有着类似的活动。在上文提到的对话中，他们讲故事并且就文化背景提出了自己的建议。他们讲述了读到的岛上的各个地方，告诉了我们一些不为人知的信息。他们把我们视为在细心研究指南的新手。然而，他们并不只是将自己定位为"相关感兴趣的专家"，他们也扮演了颠覆性的角色，向别人建议某个地方或经历会更好，而这些是旅游指南上或"官方的"旅游路线上没有的。

好像这里在暗示，不必使用旅游指南代表了游客实用知识的最高境界。这是一种颠覆性叙事经济，它能预知文献中所描述的"后现代游客"并让其出现（Ritzer & Liska，1997）。写出来的旅游指南是多余的，它们被看作让旅行者的感知和想象力变得迟钝的材料。口头叙事是至高无上的。父母们从符号学的角度触摸与感受岛屿，质疑被视为对凯斯岛的主流介绍的内容，他们认为这些介绍受限于资本带来的利益，同时提供了不同的看法。这种叙事经济是我们称之为旅游人种志想象力的重要组成部分。

肯定不止游客具备这种人种志式的想象力。在我们住过的客栈或只提供早餐和床位的旅馆里，房东们的故事也是能用于社交的一种重要形式。在到达一家客栈前，我们已告知房东准备在他的客栈做研究，并详细地描述了我们希望做的事情。我们到达后报上名字的时候，房东立刻记起我们是谁和来的目的。她对我们的研究很感兴趣，而且很乐意在某些方面帮助和参与我们的研究。

于是，房东滔滔不绝地给我们讲了很多故事。她提到接待过的不同国家的游客、为他们做饭的经历、他们说的语言和对食物的特殊需求。她举了一些国际游客幽默搞笑的例子，还抱怨了某些国家的游客。然而，当她开始讲到自己想到的帮助我们收集数据的计划时，她的那种人种志式的想象力是显而易见的。

她有大量实用的知识。除开所讲的可以作为数据的故事，她还会确保我们能坐在早餐室角落里的某张桌子旁吃早餐，将不同国籍的游客安排到我们周围。后来的确是这种情况。第二天早上，我们坐在三位德国女士旁边，她们很兴奋，因为早餐有苏格兰香羊肚吃。我们在她的旅馆住了两三天，印象最深的是房东能记得很多跨文化交际的经历，而这些都是我们可能会在研究中用到的。

六、跨文化摩擦

我们想到另一个口头文化高于书面文化的例子，它也颠覆了西方社会的日常规范。我们曾经住过一家旅社，里面也住着很多年轻的德国人，他们带着各类不同的旅游指南。大多数晚上，我们会坐在那个旅社中一个很大的公众休息区，和他们一样在写明信片或者写日志，看数码相机里的照片，同时重要的是，在翻阅旅游指南或将它们放在身边备用。在这里，旅游指南好像扮演了安全毯和教练的角色，它们能为第二天做准备，同时也是应对未来的护身符；正如我们在第二部分所讨论的，它能建立秩序及减少岛上的混乱。我们遇见了两位来自德国东部的女士，她们好像不那么相信旅游指南能扮演安全毯的作用：

> 我们遇到一位荷兰女士，她不能理解我们不带《孤独星球》就出来旅游了。我们并没有贝德克尔旅游指南。你无法在德国找到《孤独星球》。我带了RoRoRo指南，你知道吗，它很糟糕！

根据她们的比较，贝德克尔旅游指南更加实用。那两位女士，一位叫安娜，另一位叫卡特琳，只带了RoRoRo指南，这是一种针对年轻人的袖珍版指南。很明显，它的教育功能较差。关于旅游手册的对话仍在继续，我们已在判断这两个德国朋友的身份。因为在同一个晚上，我们发现旅游指南可以是一种用来区别社会身份的工具，它也能详细解释到苏格兰旅游的德国人的一些社会学特点。

我们正与安娜和卡特琳坐在一起，此时一群德国人从宿舍里走出来，为第二天的行程做准备。他们在大声聊天，手里拿着旅游指南和租来的小汽车的钥匙，牛仔裤的口袋里装着手机。当他们为第二天做准备时，休息室的公共区域暂时成为他们的地盘。他们估计是学生，但是穿戴挺好，应该不是那种为假期开支发愁的学生。他们来自德国西部，但从他们的方言看，很可能是南部的，安娜和卡特琳确认了这一点。

很明显，安娜和卡特琳对这群人感到不自在。她们变得安静起来，不停地看看对方；她们显得不以为然，还翻着白眼。我们的对话中断了，她们意识到旁边有其他德国游客，于是就不做声了。她俩都认为，从口音、说话方式以及衣着来看，这些人是"西德佬"（德语俚语）。看得出来，她们讨厌这群德国人，尽管这种情绪不是特别明显，但是她们沉默的凝视和关于"西德佬"的观点暗示了这一点。然而，针对指南，她们觉得能发脾气。

她们觉得这些"西边的人"过于依赖旅游指南，就像羊群一样跟着旅游指南，而不是为自己真正地去看苏格兰。安娜和卡特琳似乎认为，那些人盲目地跟随这些指南，是典型的"西德佬"。她们好像把这些德国人看作资本的受害者。她们也许暗暗地在遵循一种思路，这在东德人对西德人的抵触情绪中很常见。西德人被视为真正的消费者资本的"被动盲从者"，而旅游指南就是促成因素。在这个比喻中，我们也许可以认为，他们重复着某种与旅游文学中经济资本相关的生硬的二元论，我们在第一章中对此做了概述。当然，这暗示着，审慎地使用旅游指南，即在使用指南时能批判性地意识到这种行为可能变成惯例，这从精神层面上为携带指南去旅游提供了一个更好的说法。如果这样想的话，这对于"后现代游客"来说，指南是获得文化资本的一个重要来源。

这个"他者化"案例，即通过选择性地使用图像和符号把一个群体定位在负面的话语关系中，非常符合德国当代的社会经济状况。从某种意义上来说，我们做的这些可能是德国阶级的分类关系以及外国文章中国内的身份问题研究的工作。在这方面，旅游指南从具体的社会学视角体现了合并之后当代德国的经济关系。这表明，我们是如何带着情感和文化行李去度假的，以及在国外如何去做国内所做的身份区分工作。我们不将情感包袱留在酒店前台、轮渡码头或月台上。

正如这个具体的例子展示的，在旅行中，青年旅社有时是培养跨文化友谊的平台，但也可能是产生社会摩擦和矛盾、排斥和分裂的地方。游客的数量和类型一直在变，因此青年旅社成为一个特别的场所，它能容纳大量对立的象征秩序、不同的理解和占用这个空间的方式。这与特纳（Turner，1982：50）讨论规范共睦态时所描述的各种摩擦完全一致：

> 共睦态可能会带来暗喻和象征，然后它们会组合成不同类型的文化价值观；正是在物质生活支持（经济）和社会监督（法律、政治）的领域里，这些符号获得了"社会结构"的特点。但是，文化和社会结构领域当然会相互渗透和重叠，因为在历史的演变中，具体的个人会追求自己的利益，为理想而努力，相互喜好、厌恶、控制或遵从。

　　在所住过的不同的青年旅社里，我们见过白人中产阶级家庭、大群德国游客、一个意大利大家庭和来自各个国家的背包客（法国人、伊朗人、丹麦人、美国人、澳大利亚人）。由于信仰和准则不同，因此他们彼此之间以及他们与我们之间会产生潜在的矛盾，这一点以不同的方式引起我们的关注。就上面的例子而言，这是一个"同文化"交流中的一个实例，它推翻了特定的民族文化群体将以相同的文化方式旅游并居住于游客空间的神话。

　　然而，我们也可以根据第六章提到的对"旅游指导文学"的崇敬去解读这个例子。就像东德世俗的人们，如果用信仰的视角去解读他们对消费者资本主义的反应，这可能是有效的。把消费者资本主义视为宗教，把旅游指南视为调解象征性死亡和进入天堂的牧师，如果我们也认同这样的观点，那么学生拒绝使用旅游指南的情况就可以理解为拒绝把消费说成是宗教的赞美词。"被比作市场的上帝"不应该成为我们升入天堂的仲裁者；我们需要靠自己来获得救赎与快乐。从某种意义上来讲，它成为德国社会世俗辩论的改版，并且证明了德国宗教传统的多变性和对市场忠诚的观点也存在分歧。

七、反思性与嘲讽

　　旅游指南引起分歧的另一个方面体现在嘲讽和使用。以本章开头提到的话题为例，安娜和卡特琳使用指南时很挑剔，这也是"后现代游客"的观点。我们和这两个游客的对话经常被打断，主要是因为她们在嘲讽自己所带的旅游指南和那些使用其他旅游指南的人。游客可以通过反思性与嘲讽来维持自身差异性，特别是面对来自本国的其他游客时，因为这些游客也在大众旅游地区旅游，用相似的方式与当地人交流（Pi-Sunyer，1978）。于是，他们就很挑剔地去阅读旅游指南，去找内容是否有遗漏及其他缺陷。

　　　　驱虫剂——没有任何一本旅游指南提到过。你带了雨衣吗？旅游
　　指南中都提到过。（德语）

在这个例子中，旅游指南没有提供本体论的安全毯，并没有让游客能应对目的地各类复杂和真实的情况。也许正是因此，指南的功能在减弱，因为这些情况中出现一些关键的差距。

安全需求是每个游客都期待的，有时指南不能够让游客避免各类真实存在的问题。事实上，指南为何不能很好地发挥安全毯的作用已成为话题和谈资，就像前文所述。

旅游指南提供了有限的保护，但不能取代经验性的知识，因此游客有必要自立和自我发现。我们在此看到一个有趣的转变，即旅游指南作为规范游客知识和行为的手段反而变成一件被抛弃的工艺品。随着旅游活动的进展，旅游指南的信息变得过时。就旅游活动而言，口头文化的目标是要胜过书面文化。对于一些游客来说，经常去这个岛就意味着不再需要旅游指南，如果有的话，反而会妨碍他们体验这个岛的"现实生活"。

八、总结思考

本章探讨了游客的私人物品、碰到的事物和产生的情感。我们尤其认为，旅游像我们遇到的情况一样，包括另类形式的工作或在休息中的工作。它包含应对事情、应对情感，以及应对与游客接触中出现的让我们关注的现象和概念。它包含重塑日常生活并将其常规化的努力，尽管植根于这两种存在方式之中，它涉及的不只是商品化的消费者关系和享受空闲时光的惬意。我们还特别关注旅游中跨文化交际的物品和语言。在此重申，我们没有把物质生活和语言生活看作独立个体。相反的是，它们植根于旅游的书面文化、口头文化、叙事以及情感中，并相互关联。

很有意思的是，回到早先在第六章提到的一个论点，我们把旅游指南比作为一次小小的、象征性的死亡所做的准备，是一种对命运变化无常的担保，同时我们也质疑了把旅游指南作为本体论安全毯的观点。它又让我们谈起近乎让人痴迷的旅行准备工作，日益发展的旅游指南产业好像能体现这种现状。作为一种现代文化产品，旅游指南可能体现出现代人很重视准备工作和秩序，以及文化产品能提供的安全感。它体现了现代人的一种信仰，他们相信所谓的"主权个人"能控制未来，并能无畏地迈向未知黑暗的深处。我们在第二部分说过，就是在现代性作为人类解放者、铁笼或者学科基质这样背景下，才出现对旅游指南的角色和功能的质疑。

这种诠释忽略了现代文化出现的过程中旅游指南的宗教因素，它是旅游指导文学的一种形式和生死关系的核心要素。鲍德里亚（Baudrillard，1993：147）指出："我们全部的文化仅仅是努力将生与死分开，抵御矛盾心理来维护生命的价值……消除死亡是我们的幻想，在各个方面均有体现：就宗教而言，它是来世和永生；就科学而言，它是事实真相；就经济学而言，它是生产力和累积。"旅游指南产业可能被说是利用了所谓的"生命"，通过调解生和死的矛盾心理来带来"顺序"。

所以，旅游指南好像为我们提供了生命。从现实和比喻的角度来说，这种"生命"是旅游文学出版产业进行资本主义积累的原动力。它依靠的是关于痛苦的抽象理论，并能维持生命的价值。使用旅游指南所带来的旅游体验说明，生命的物质实践，也就是生活，是如何将生与死的双重结构再一次带到这种背景之中的，而这种结构在准备启程和准备第二天的旅程时已出现过。使用旅游指南时会让死亡离我们远去。抬高口头叙事的地位能让游客从旅游文学和指南造成的隔离中走出来，进入空间所带来的更为直接的现场感。它们使文化的、社会的、个人的转变成为可能。与仅仅依赖书面相比，指南口头指导能提供更多的叙事资本。

同样，当意识到旅游指南不能帮助他们规避生活中的危险和挑战时，比如不能为未料到和未准备的事情提供警告和保护时，游客会减少使用旅游指南。这对于游客日常使用的、"为一次小死亡做准备的"指南是一种"双重打击"。当真正"踏上路途"时，它的实用性已变得过时；同样，对游客来说，真实世界存在很多意外，它的实用性会减少。

总之，本章大体参考了卢瑞（Lury，1996）的双线分析法（dual lines of analysis），来描述和解释游客与一些不同类型的交流——有物质的也有语言的——之间的关系，这些交流出现在前章所说的身体习惯重塑的过程当中。从这个角度来说，我们已经说明了交流、讲故事、客体关系的实践在不同的背景中，以不同的方式彼此关联，这也例证了旅游活动的中心模式。不论是使用旅游指南，还是在栈桥的交流，交流和口头叙事都形成了各类旅游文化的生命线。各类创造性交换在自发共睦态的时候出现，不论好坏，都能生成跨文化交际，同时跨文化交际也能带来更多的交流。

第九章　改变空间

在前几章中，我们探讨了"不熟悉的身体"的问题，并据此认为旅游可以被解释为习惯的再创造。我们强调了旅游的多种物质性（物质需求、实践和物品），看到了客体关系的多样性和创造性，由此形成了一种新兴的交流模式。这些都是在陌生空间里重塑个人习惯的关键方法。在第八章中，我们重点探讨了旅游研究中一个很少涉猎的方面，即旅游的物质基础。这是交流的物质生活，也是我们所称的广泛的游客交谈的一部分，它在语言和叙事中产生并发展。我们首先探讨了旅游叙事及其社会的、述行的（performative）、发展的和时间的功能，然后讨论了旅游指南在我们研究的背景中的使用情况。我们认为，交流和叙事是旅行文化的命脉。

引发前几章思考的问题是：究竟是什么促进或者阻碍了跨文化交际的积极开展？我们的答案是，它在于交流的强烈要求及其实施。总体来说，叙事在空间上只存在于我们住过的青年旅社中。在旅社的空间里，跨文化交际才最为活跃。

在本章中，我们会更详细地讨论空间及其与游客间跨文化交际的关系。当然，跨文化交际并不在我们所处的每个空间都很活跃，在这些空间中，我们的身份分别是青年旅社的房客、酒店客人、参观者或跟团的游客。我们所发现的东西与在斯凯岛的各种跨文化交际的空间布局类似。有些空间提供了促成跨文化交际的物质条件，而有些空间提供的条件，很难实现跨文化交际，让人有挫败感。本章将青年旅社作为跨文化交际的一种范例式空间类型，就社会空间对前几章中所提到的青年旅社与其他地方进行了对比。在这里，我们选用人种志研究中另外三个空间（跟团参观酿酒厂、在弗洛拉湾酒店过夜、在只提供床位和早餐的旅馆住几天）来进行比较研究。

本章中，比较研究的核心是促成跨文化交际的条件，以及它们如何被社会空间影响并发生改变。这一问题的关键是商品化、消费和调控等方面的问题，对此我们已在第二章中提到。在此，我们可引用戴维·钱尼（David Chaney，1993：164-165）的一段话并从中得到一些启示。

作为游客，我们首先是自己的戏剧中的演员，旅游给我们提供了舞台。尽管主题公园和游乐场的人造设置景观是个例外，但在实践中，游客去的所有场所都可视为包含了不同程度的舞台设置。所有的人都能管理和清晰地表达文化认同，这是尤瑞（Urry，1990）所称的"旅游凝视"。这并不意味着旅游是一种不变的实践，我们应该把旅游的历史，或者大众假期的演变，看作包含了从人群到观众转变的主题。……凝视的实践中也设置了旅游活动。游客是一种与众不同的陌生人，在表演的场景中与他人合作。因此，戏剧是为潜在观众而表演的。旅游景点的管理者……就像电影和电视等大众娱乐媒体的制片人一样参考叙事规则。然而，他们不能完全控制自身将如何被对待和被使用。

从无组织的人群向观众转变的这种概念，至少对我们来说，是一种商品化的过程。通过该过程，我们变成一群有价值观、有需求的消费者，可以通过基于金钱的交流获得某种旅游体验，从而得以满足。在这里，正如钱尼在上文最后一句中所阐述的那样，重点是控制的问题，以及制片人决定听众的意义、行为和体验，或者观众是否有能力去适应或甚至改变制片人的意图。我们认为，这些结构与这些问题的动因之间的冲突在当地出现并变得具体，而且在制片人与消费者互动中形成。我们可能会把它们理解成冲突，比如之前提到特纳探讨的阈限和类阈限之间的冲突；或者如谢克纳（Schechner）所说的，效率和娱乐之间的冲突。

通过这个局部的视角，我们探讨了所调查的游客和其他游客在这些空间内的跨文化交际体验的不同之处。简而言之，商品化程度高的空间能成功地促进跨文化交际吗？还是阻碍了它？如果是这样，是如何阻碍的？它涉及哪些社会关系？我们认为，这些不同的关系对跨文化交际的前景有不同的影响。

从概念上讲，我们的分析中有两个关键主题。首先，我们认为，像酒店、酿酒厂这样的社会空间形式和跨文化交际之间的关系是通过个体的特定政治经济来实现的。参照福柯（Foucault, 1991）的观点，我们试图探讨旅游活动中跨文化个体间的联系，以及商品化空间如何提供鼓励游客对个人行为进行自我监控的视觉机制。在此过程中，它们剥夺了参与任何持续性的跨文化交际的需求。

因此，我们研究了旅游主体是如何被征服并服从于这些空间中的资本机制，并且说明通过运转权力关系，可以对旅游主体进行管理，而这是靠密切监控在时间和空间中的身体活动来实现的。其次，参考了德赛尔托（de Certeau, 1984）的一些观点，利用了福柯关于"战略"（strategies）和"战术"（tactics）的概念，我们对资本的时空维度进行了更多的反思，因此也丰富了他的诠释。现在，我们来讨论空间中的主体。

一、培提酿酒厂

培提酿酒厂（The Peaty Distiller）生产一种著名品牌的威士忌，它属于一家跨国公司。它是旅游巴士和其他探访"威士忌之路"（whisky trail）的游客常去的景点。"威士忌之路"由数条路线组成，旨在让到苏格兰的游客参观所有的酿酒厂，它已成为苏格兰打造"度假胜地"的关键平台。那一天，我们比很多国际游客提前到达酿酒厂。因此，我们并不是跟随有着相同语言和文化的游客去参观，而是和在早高峰前就已达到酿酒厂的游客一同参观。

在酿酒厂的参观活动是按照特别的空间和时间顺序组织的。我们发现，这种看似精心安排的组织形式，是因为最近对酒厂进行了翻新装修，将其从一家生产威士忌的工厂变成了一个旅游景点。进入酒厂后，我们来到一个大厅，墙上挂着很多介绍酿酒厂历史的图片和照片。在这个相对狭小的空间中，还有两三个上锁的展示柜，里面陈列了酿造威士忌的工具和相关物件。当然，这里有一个缴费处，我们把钱交给收银员，购买跟团参观的入场券。柜台上面放着各种各样的地图和其他介绍历史的小册子，收银员也负责为我们所有人倒一小杯威士忌，让我们等下一时段的参观（每小时一次）。参观结束后，我们当然可以在出口的商店里买到完整的一瓶。

在参观前的20分钟里，我们边品味威士忌边浏览工人搬运酒桶和操作其他工具的黑白照片。在这里，我们看到了一些"传统"。在这个案例中，传统是公共工作领域的父权组织结构的一小部分。我们了解到早期的一些情况，当时威士忌因大规模生产，产量快速增长，而这都是由男性完成。我们立即注意到，锁在柜子里的那些实物能帮助体力劳动，但是使用起来还得靠手工。在一个不再生产威士忌的酿酒厂里，跨国公司通过呼吁游客关注传统，隐藏了某些令人不快的真相。

在感受传统"形成"的过程中，大厅中众多的"质量证书"也让我们印象深刻。它们大都放在收银台后面。有奖励酿酒厂是个顶级旅游点的奖品，其他奖项是由培提酿酒厂（或至少是它的母公司的跨国营销部门）赞助给斯凯岛上其他旅游景点的。培提好像为岛上的其他景点提供了一系列奖项，可以由游客投票决定。桌子上有些表格，游客可以填写，为斯凯岛上自己最喜欢的旅游项目投票。酒厂还承诺，游客们填表后可以参与抽奖，也许能赢得一瓶培提威士忌。我们想知道，这是否算一个期望管理的实例。当然，这家酿酒厂一定知道好的旅游景点应该怎么样，因为它为奖项提供了赞助。我们都很兴奋。

这次有导游带领的参观有个前言。一方面，这个前言告诉我们要对斯凯岛上的男性生产威士忌的历史和技术有所了解，岛上保留至今的威士忌工厂体现了英勇而自豪的价值观。另一方面，我们有一个更现代的商业前言，它把酿酒厂定位为优秀旅游景点的评判专家，同时把我们定位为消费者，来评判景点体验的质量。我们将共存于一个空间里的很传统的事物和超现代的事物并置在一起。

此刻，酿酒厂的管理方把我们这群没有组织的人变成一批有明确目的的观众。然而，这种具备历史见解、苏格兰式的待客方式和消费者参与的模式在旅游实践中却未能实现，因为参观中所发生的并不是一群来自不同文化和语言的游客与博学的导游之间的热烈交流。相反，我们只是看到导游完成了一项照本宣科式的、管控恰当的表演，并没有带来任何自发的互动、惊喜，特别是我们所调查的跨文化交际。

我们团大约20来人，来自不同的国家、说着不同的语言。我们品尝了一点威士忌，读了威士忌历史和消费的资料后，导游就来和我们见面了，她介绍了自己和参观安排。她当时还是一名年轻的学生，在苏格兰一所大学里学地理和盖尔语，这是她的暑期工作。我们看完等候区的物品后，对文化背景有了初步了解。在收到导游的欢迎及参观介绍后，我们来到酿酒厂的第一个参观区。

导游停下来，团员们走过来，在她旁边站成了一个不整齐的圆圈，此时她开始为我们介绍威士忌生产的最初阶段。第一个等候区和门厅之间的门已经关闭，我们被关在这个小空间里，听着故事，看着她所提到的各类手工制品和物件。这次参观是用英语讲解的，英语是导游带队参观酿酒厂使用的唯一语言。由于没有机会在酿酒厂闲逛（你必须跟团参观），这就意味着你必须听一段用英语讲述的酿酒厂的故事。然而，有一些可以被称为"翻译卡"的东西，上面有几种的特定语言。这些简单的卡片只是解释了我们周围物件有关的技术细节，以及它们在威士忌生产中的作用。她讲了8—10分钟后，问我们是否有问题。没有人说话，于是我们进入酿酒厂的下一个区域。

下一个区域与上个区域的空间是不同的。导游带路，停下来，等着队伍围成一个圈听她讲解，然后她继续讲解下一个制作过程的细节。她轻松地讲了8—10分钟的技术和历史的细节后，又问我们是否有问题。这一次，一个意大利家庭的家长用英语问了几个问题，仅仅是为了证实、解释或重复导游说过的要点。在回答这些问题时，她只是重复了解说词，与第一次讲的几乎没有什么变化。

我们从生产威士忌的一个车间转移到另一个车间，围成一个圈，听8—10分钟的解说词。被问及是否有问题，很少有人提问，如果有人提问，导游也只是简单地重复解说词，这种固定的模式在其他五个"区域"继续重复。它变成一种固定的安排，一种了解如何在这些新环境中表现得当的方式。虽然听导游讲威士忌的历史很有趣，但参观过程中提到的大量技术细节让人感到很无聊。我们想知道，是否要成为一个"技术"人才，来对威士忌生产过程产生真正的兴趣，还是成为一个可预测的游客，假装对极其无聊的细节感兴趣，只是为了让自己说"去过"或"搞定了"酒厂？回想起来，我们没人能回忆起导游解说词中的任何一个细节。

导游不仅能掌握好她讲的故事，而且能管控好我们在酒厂的活动，这个角色很重要。在重述和保持斯凯岛生产威士忌和培提酿酒厂的故事的过程中，她起了关键作用。一方面，这种管理以时间的形式体现，我们在酿酒厂每个区域花的时间是仔细控制好的——每个故事的时间不超过 8—10 分钟，然后执行义务式地让我们提问，结果没人提问。另一方面，就监督我们在酒厂内的活动而言，整个过程也包括空间管控。她确保我们不在任何区域花太多时间，讲解前要等组员围在她身边，开始前确保我们安静。也许最有趣的还是导游处理这些问题的方式。为了确保解说词以及酒厂的关键介绍不被打乱，她用的方法仅仅是重复酿酒厂给她安排的解说词。或许这是可以理解的，毕竟她只是个导游，不是酿酒的。

所提的一个问题是关于威士忌产业的政治经济背景和跨国公司所有权对当地社区的影响，这个问题能说明她的讲解词是有偏向的。我们知道斯凯岛上的酿酒厂过去为许多男性提供了工作机会，但是产业结构变化和所有权形式（主要是以合理化改革与技术进步的形式）对此影响深远，导致了劳动力削减。酿酒厂的发展历史也说明了这个问题。它们所属的跨国企业的管理层也对当地及国内的酒厂进行了合理化改革，缩减了员工。当然，这些政治经济学上的内容并不出现在那段关于威士忌酒遗产的叙事里。

当被问到这个问题时，导游有点支吾，这是她整个讲解中唯一出现的一次。临场发挥是必备能力，但并不是要有就有的。鉴于她是斯凯岛的本地人，并且在参观一开始就强调了个人的文化遗产，但她无法明确地回答问题，这让我们感到有些奇怪。她肯定觉察到这一点，然而她还是微笑着用甜美轻快的苏格兰口音给了个答案。处理了对酒厂官方介绍的"异议"后，她在随后的参观中设法让一切恢复常规。

酿酒厂里的纪律制度很明显，即游客的行动在时间和空间上受到管控。根据福柯的观点，游客的身体要服从导游的持续管理，导游来自一个广义上的划分空间和行动范围的机构，导游使用的讲解词也经过不同的管制机制审核后才产生的。按照德赛尔托的说法，这是一个战略空间，关于这点我们下文还会再谈。换句话说，这里存在一个地点优于时间的空间。首先，通过制造传统和历史，时间已经被商品化，并受到资本利益线性逻辑的影响。其次，通过对参观时间的严格控制，导游确保我们大约要花一小时听解说，也许多几分钟或少几分钟，这样让她好带下一个团队；同时，这样也不打断参观日程，因为每天都已排好了不同时间段的讲解。

值得注意的另一点是导游本身的关键作用，特别是在传达和应对解说词时扮演的角色。在这里，她重复这个酿酒酒厂特有的、高度倾向化的故事。难道她只是在讲一个可以轻易"输入"游客脑海里的故事吗？难道我们都因相信她的解说而被欺骗了吗？至少从某种程度上说，我们不是作为消费者去分享了这个故事吗？我们认为，与特定的消费行为相关的读物不只是融入旅游经历中。我们的肢体行为受过严格限制，甚至在酒厂里受到了培训，它之所以如此，是因为我们作为消费者积极参与此过程。这是与空间合理化相关的自我监管体系的一部分。

这种监督体系主要在导游（此案例是"生产者"，即资本的代理人）和消费者之间执行。就此而言，我们之间的相互关系是积极的、融入的，同时也是控制肢体行为的主要因素。我们本来可以在酒厂里乱逛、讲脏话、骂导游胡说八道。我们本来也可以问"那工人们呢？"。就她所讲的故事而言，我们可以在提问时间破坏所谓的主流解说词，正如前面提到的那样。大多数游客倾向于接受听到的全部故事，因为它基本上都与技术有关。对普通人而言，与科学相关的讲解词是难以理解的，也是毋庸置疑的。然而，接受了这个故事就表明，某些特别的势力在推动消费者接受并认可导游所提供的酒厂的信息。

导游让那个故事"保持不变"。处于现在进行时的"保持"很重要，因为它表明阅读并接受重点信息的动作已完成，这也是生产者与消费者仔细协商的结果。这个过程可能或多或少以模棱两可或有争议的方式展开，但重要的是，它必须付诸实施。它不会轻易地被采纳。正如福柯（Foucault，1978）所提醒的，权力不会自我写就。权力不是一个人拥有或掌握的，它是关系的一部分，不是强加给我们的。权力为其自身的形成提供条件，但它需要代理人来运作。它还为反抗提供条件，而权力与反抗之间确实有相连的地方。因此，我们可以认为导游能监管权力和反抗之间边界区域，而这是生产者和消费者关系中所固有的。这是一个微妙的、具体的和不确定的过程，在其中政策将得以产生并保持不变。

跨文化交际的结果是显而易见的，也许这并不令人感到奇怪。团队成员间没有话语交流，只是导游与提问的游客有对话，游客们在走动时也不会产生交际。我们付费同游，却彼此陌生。这些监督和战略管理很不利于跨文化交际。事实上，游客间的对话和互动已受到全面的阻挠（Scott，1990）。与共睦态相比，这种情况与伦敦西区的剧场有更多相似点。它是类阈限的而不是阈限的（Turner，1982）。这些有解说词的和设计好的表演没怎么给我们提供跨文化交际的方式，我们仿佛在观看一系列提前安排好的表演，只是全盘接受而不提出个人看法。从最乐观的方面看，还是有导游和少数几个游客的互动，尽管是根据解说词进行的；从最不利的方面看，酿酒厂提供了一些翻译卡，这只表明那是一个多语种的环境，我们能通过不同的语言使用者来识别彼此差异。于是这种交流受阻的局面就注定存在，但是导游亲切的眼神和温柔的本地口音可以缓解这种局面。反身性的监督和个人行为产生了距离，这种距离变得个体化而非社会化。

此外，我们在培提酿酒厂的参观也并非完全没有跨文化交际。不管怎么说，那一小杯威士忌让我们从一开始就兴奋起来。你必须穿过出口旁边的商店和访客留言簿的位置才可以走出酒厂。这里的情况更让人兴奋，我们团中有几个人似乎更愿意停下来去看看留言簿上都写了些什么，而不是自己去写。除了通常的恭维，我们还找到了以下三条留言：

哇！这里东西价格真荒谬！（德语）

你们为什么不安排说其他语言的导游呢？（英语）

祝安康！（盖尔语）

第一条德语留言抱怨酒厂的东西贵得不可思议，但威士忌还不错；第二条英语留言是说导游服务只有英语，没有其他语种；第三条用了盖尔语中的祝酒词，是由一位来自德国埃森的游客写的。我们对前两个负面评论很感兴趣，因为这种留言簿上的评论通常是平淡无奇和千篇一律的。

让我们吃惊的是，自己会在靠近出口的商店里变得兴趣盎然。在留言簿那里待了一小会儿后，我们成了最后一批进入商店的游客。那时，我们见到一个与跟团参观截然不同的场景。在那里，人们变得很活跃，互相交谈，在决定要买哪种威士忌时偷偷地用目光交流。大家有更多的走动、交谈，也不太注意彼此间的身体距离。人们在店里逛，相互微笑并且因看到带毛的香羊肚和毛茸茸的尼斯湖水怪而乐得大笑。他们因不小心撞到人而道歉，有些会交谈几句，给彼此一个苦笑。也许我们都知道，被安排到这里是来购物的，购买便宜的或特别贵的东西，但那似乎并不重要，因为我们大多数人到那家商店时都很兴奋；也许这是因为我们参观后觉得太无聊，愿意接受任何的娱乐，就像是上了一节无聊的课后的休息；也许我们对那家商店的规则更加熟悉，都能马上适应；也许同样的，在那里，我们的身体和心情受到更少的管制。无论如何，出口旁的这家商店为酿酒厂单调的环境增添了一抹亮色。

二、弗洛拉湾酒店

我们在弗洛拉湾酒店（Flora Bay Hotel）的经历也清楚说明了时间和空间的战略管理，以及随之而来的对游客身体的监控，那也是一个对话和互动全面受阻的空间（Scott，1990）。但在这个特定的地方，造成跨文化交际受阻的条件和原因是不同的。区别在于弗洛拉湾酒店是斯凯岛最好的酒店之一，正因为这样，住那里的游客肯定属于社会经济地位高的阶层。它吸引了来自不同文化背景的、有钱的游客。这意味着它与酿酒厂中导游带领的参观有着不同的原动力，但跨文化交际的最终结果是相同的。跨文化隔离的原动力基于象征性消费的某些特定形式，这种消费有特定的社会经济类型，并在政治经济中通过游客身体的调控得以体现。

然而，正如上述情况一样，这种文化错位并非只是以某种明显的社会现象的形式出现的。这是一系列复杂的空间和时间安排、反身性监督、肢体行为、餐饮礼仪培训相互作用的结果。借用福柯的说法，我们可以称之为"游客主观性"。在这种场合出现的"游客主观性"得到营销驱动话语的支持，这种话语能为某些基于社会地位的、有个体化影响的象征性消费创造条件。它涉及一系列管制结构的调度，于是减少了自发的社交行为。弗洛拉湾酒店的工作人员和顾客之间复杂而具体的关系中就存在这些管制结构。

我们非常期待在弗洛拉湾这家高级酒店享受一晚。与头天晚上所住的很差的青年旅社相比，这里的床很舒适，厕所很干净，简直像天堂一样。促销广告和口碑都表明，这是一家好酒店，它提供高质量的食物、住宿、服务，能让人好好休息。我们知道，这个游客空间会与青年旅社截然不同。弗洛拉湾酒店宽敞、宁静、远离主干道和人群。种满树的乡村马路将酒店与附近的繁忙街道隔开，这让酒店显得与众不同。

到达后，我们决定在外面坐坐，观察这个地方的情况，看看谁在那里，同时也和以往一样免费喝杯茶。于是我们又开始留意不同的文化迹象。我们寻找租赁汽车并看它们的牌照，看看别人服饰上是否印有体现国家特色的文字，听别人是否用不同的语言交谈。很明显，这也是一个观察和体验跨文化交际的好地方，因为我们在酒店里面和附近发现很多迹象，表明酒店住着美国人、意大利人、德国人和法国人。

我们决定在离酒店前台最近的餐桌喝茶。我们点了茶，20来分钟后一位穿着整洁的黑白制服的女服务员用银碟为我们上茶，盘子上有一整套精美的瓷器和不同的调料。就像我们对其他见到的人一样，我们也想问问这位上茶的服务员关于酒店、季节、游客国籍等问题，她的回答简短又礼貌，不愿意提供更多的信息。喝茶时，我们注意到两个法国男孩和他们的苏格兰主人（一对夫妇）在隔壁的桌子旁吃午饭。他们用法语对话，年长一点的男孩把英语和法语混起来说。他想要些醋油沙拉酱来吃牛排套餐中的沙拉，苏格兰男士此时用法语反驳道：

苏格兰人不知道怎么做醋油沙拉酱。（法语）

之后，年纪小一点的法国男孩嘴唇旁沾了点芥末。女主人用餐巾擦了擦自己的嘴巴，示意小男孩学着她做。小男孩照做了。

以上互动中，我们认为这对富有的苏格兰夫妇利用了这个空间中不同的象征性的和物质性的文化，在客人面前将自己定位成主人。按照布尔迪厄（Bourdieu，1984）的说法，主人就如何制作法式色拉和吃东西后保持嘴巴干净，清楚地展示自己掌握的一套具体的社会规范。对沙拉酱的评论可会被解读为对差异的一个具体表达。它与当代英国新兴的饮食文化非常相符，电视中烹饪节目和精美的周日增刊都有这样的主题。谈论沙拉酱的目的是将自己与简单的苏格兰饮食——我们可以将其假定为无形的增刊——区分开来。这也是他们对法国男孩表示认同的尝试，毕竟法国人的味觉可能更敏锐。

基于这一系列交流，我们可以看到弗洛拉湾酒店作为一个地方，有其特定的象征性秩序，其目的是建立苏格兰高档酒店的接待标准，同时它也有物质生产的特定形式（特定种类的家具、壮观的建筑物、令人印象深刻的服务）。我们还注意到当地人是如何利用弗洛拉湾大酒店这个背景来说明自己的身份和与众不同的。

我们从户外走到酒店内去办理入住手续并察看设施。一进入口，我们立即看到墙上大量的品质认证证书、留言簿上的各类好评，以及感受到酒店提供的安静、高效、低调的欢迎方式。帮我们办理入住手续的人，用最少的言语和提示来记录我们的个人信息。他说话声很小，我们突然想到，在酒店时是否也得用耳语的方式进行交流。我们约好晚些在酒店大厅见面，先喝杯杜松子酒再去吃晚餐。

大厅很豪华，里面有个大壁炉和壁炉台，墙上挂了艺术品，厅里还有其他家具。几张长沙发摆在大厅里，将房间分割成若干空间，它们的界限标出了互动的空间。当时的情况是，下榻酒店的团队或夫妇占了几张沙发，因此形成了一个排他的空间，这也让任何互动受阻。尽管我们擦肩而过，偶尔会看看对方和相互微笑，但并没有更多的交流。在品杜松子酒时，我们观察了坐在沙发上听起来带美国口音的一对夫妇和坐在另一个沙发上不讲英语的一个大家庭。他们喝完之后就去了餐厅，剩我们在休闲厅聊天。

进入餐厅时，我们发现这是另一个豪华的空间，里面摆着看起来昂贵的家具和雅致的格子呢。除了我们、北美夫妇和非英语家庭占的餐桌外，还有两张桌子上也有人，正在吃晚餐。我们散坐在餐厅里，而不是靠得很近。桌子间距很大，所以不会被另一桌人的交谈干扰。女服务员特意安排客人们隔开就座，能让他们用餐时有更多的"隐私"。服务员依次给那对夫妇、那一家人和我们看菜单，我们短暂商量后，都点了菜。为我们点菜的女服务员是一位年长的女士，她穿着和给我们上茶的服务员同样的黑白制服。她和我们说得很少，只是用简单的几句话礼貌地确认了我们所点的菜和饮料。我们注意到她几乎是悄声说的，我们有这样一种感觉：肯定有重要人物在场，他们不应该被琐碎的谈话干扰。

我们感到有点无聊，其他人也一样。我们观察了那对北美夫妇，丈夫正在餐桌旁看书，妻子好像想聊点什么，但丈夫有点烦没有理睬。有一家人在小声而亲密地聊天。我们坐在小餐桌边，觉得被孤立，然而这似乎是理所当然的。我们的公共时间是由女服务员严密管控的，她执行了所有体现高端消费的安排。这里的服务让人感到安全、整洁，但也很昂贵。她在那里确保所有的肢体行为都是符合规范的，并且都是轻声细语和别人表达。

在外面喝茶、坐在休息室、吃晚餐、吃早餐——这四个场景的特点是：我们观察的所有群体之间缺乏互动。大家偶尔打个招呼，或有眼神交流，但也就到此为止，或许是因为这个高度市场化的空间存在象征性的消费。游客在这里付费获得私密化的空间，如前面所讨论的，主体的活动要么是在独立卧室紧闭的门后，要么是在受到酒店的物质空间或员工的严密监管。人们没有与他人交流的强烈愿望，甚至有人可能还希望独处。但是刚才发生的事情并非如此。

社交活动受阻，因此来自该空间的跨文化交际只算是关系属性导致的结果。它是通过分割时间和空间，以及对游客高度制度化的监管来执行的。使用高端的、私密化的苏格兰式的酒店服务能极好地保护某些主观性。清晰的消费目的，商品化的、精心排练的待客方式将欲望和权力置于酒店的物质文化中，并将住店客人与这个核心实质性、象征性地连在一起。要确保高端旅游者的身份就要根据该目的来设计个性化的交流，但这也阻碍了游客之间的交流。消费行为能造成社会关系错位，于是酒店就变成一个缺乏真正的跨文化交际的地方。苏格兰式欢迎的潜在魅力已在制作人编写的剧本中被很好地惯例化了。

这两个例子给我们的体会是，参观酿酒厂让人感觉去了趟维多利亚时代学校的教室甚至是监狱，同时酒店中的社交经历很乏味。从某种意义上来说，有导游的酿酒厂参观活动和酒店会让跨文化交际受阻，这并不令人感到奇怪，它们的初衷也并不是促进跨文化交际的。这些是"私密化"的空间，在那里游客的身体被一系列监控机制约束，主要体现在工作人员与顾客的互动；在那里空间关系高于时间关系。然而，前几章讨论过的青年旅社是公共空间，在那里社交活动在多数情况下是身体重新适应日常安排的必要方式。因为这是一个公众行为，所以另一方必须了解新出现的规则以便适应未知的、不确定的、自发的事物。

我们想特别指出的是，这种文化错位不是一个必然事件或者一个容易接受的社会现象。就资本中具体的社会关系而言，这些或多或少的个性化或者与社会融合的经历是社会的、话语的干预结果。它们当然受到自己在生产关系中的地位的影响，但它们并不书写自己的历史。因此，需要有代理人。这将提出伦理问题，但就现在而言，这些是不是游客所希望的社会情况，当然取决于游客自己。对我们来说，每种场合都有快乐和不适。

也许最有趣的是只提供床位和早餐的旅馆，它属于青年旅社和弗洛拉湾酒店的公共空间和私人空间的中间地带（想象中的住宿连续体），这种旅馆当然也有不同类型的空间。一方面，有些旅馆试图制定消费文化的规则。我们注意到，在苏格兰，这些旅馆要向苏格兰旅游局（一般被称为"Visit Scotland"）保证能为向客人提供某些物品和服务。比如说，每个房间必须有煮咖啡和沏茶的设备；有接受刷卡付费的功能。另一方面，也必须记住的是这些旅馆尽管不完全是，但往往是由个人或生活在同一地区的家族开的。因此，在苏格兰旅游局的条款中接待标准不是特别明确，更多情况是只要家里有房，就可以开门接客。

只提供床位和早餐的旅馆让你有复杂的感觉，你永远不是很清楚要做什么和怎样去做。也许这是因为那是一个令人感到不安的、熟悉与陌生的混合体。我们在它的早餐间经常有这种感受，因为那里充满了心照不宣的沉默，每个人都感到尴尬，并且显而易见。只有在某人的客厅里才会有种熟悉感。那里有家的所有迹象——照片以及有人住的状态。但当发现空间运营的规则时，陌生感就会袭来。你会去吃麦片吗？只能吃两片培根吗？你永远不清楚是否真的会把这个地方看作自己的家，因为有旅馆主人在，他会把情况复杂化并确保你在遵守他们的惯例。早餐间的安静让人感到不舒服。你经常会觉得不能说话，因为其他人也没有在说，如果你说了，所有人都能听到。所以，我们都只是尴尬地坐在那里等着上香肠，以便有对话的目的或至少是一个话题。

三、战略空间和时间战术

综合对所观察过的地方（青年旅社、酿酒厂、只提供床位和早餐的旅馆）的反思，我们可以说，打开行李和参与跨文化交际受到很多不同的交换结构的干预。我们可以把这些交流中的各类结构说成是"另类经济"。它们在无数不同的物质文化交流中盘根错节。在酿酒厂和酒店里，我们进行了基于市场和消费者的交流；我们在青年旅社面对的是与其相反的"后现代游客"经济；游客之间也存在多种交流，它们包含在一种非正式旅游经济之中，交换的是故事、建议与冷嘲热讽的评论。这些是游客之间"秘密"分享的、默认的或刚获得的知识，并不按照市场逻辑，却经常能够创造出某种共睦态。然后还有在青年旅社的新的、意想不到的物质交换，这些都是围绕日常生活的仪式和个人习惯的重塑进行的。

环岛游的部分内容是在这些不同的空间经济中穿梭，并在它们组成的交换体系内体验斯凯岛。其中的每种结构都表现了交换这个词在智力和物质意义上的不同形式。就构思而言，这些经济形式依据不同的交换逻辑来运作，包括那些已经结构化、受到规则约束的市场交换和那些基于共睦体的交换。它们彼此不同，主要体现在它们所产生的价值观、结构、仪式、实践以及诗学和跨文化意识。不同的物质需求促进它们的发展，同时它们也展现不同的物质性的文化。

　　总之，这些不同但共存的交换结构赋予我们的旅游经历不同的形式，因为它们改变了产生不同关系的文化空间。我们在斯凯岛的旅行含有正在转变的文化，其中也有一直在转变的关系。这种关系的文化空间的变化至关重要，因为它能解释我们在岛上所经历的各类跨文化交际的原因。然后，我们可以讲的故事是一个充满变化的跨文化交际的故事。

　　本章就空间进行的比较表明，在解释跨文化旅游交流时不能忽视旅游系统性。在旅游活动中，生产与消费的关系、资本的利益及其各类结构和技术对游客空间和时间的调解，对跨文化交际的成败有着明显的影响。在此，政治经济、游客主体、空间与时间之间存在紧密的联系，有待我们去了解。

　　福柯和德赛尔托的解释性术语在此具有指导意义。上文曾提到，德赛尔托论述了他所定义的"战略"和"战术"之间的区别。根据他的解释，战略是权力关系的计算，其中包括对一个地方的假定，这个地方可以被划为自己的地盘并可以作为基地来管理与外在性目标和威胁（顾客与竞争者、敌人、城市周边的农村、研究的目标和对象，等等）的关系（de Certeau，1984：36）。战略是在特定地点实施的空间克服时间的动作。

　　弗洛拉湾酒店可以视为一项资本战略：一个特定地点的详述，包括生产者与消费者之间权力的转移。通过它的详述，与苏格兰历史和接待方式相关的时间已经转化成酒店的商业空间。时间在此成连续性：历史从资本的当前利益中得以解读，并转化成与酒店有关的消费行为的控制装置和惯例。重要的是，根据德赛尔托的说法，战略的关键影响之一是演员通过观察逐渐控制了地点。

　　　　空间的分割使得全景观察成为可能，它可以从一个地方出发，眼睛在此能将外部力量转化为可以被观察和被测量的目标，从而控制它们并将其纳入视野。（de Certeau，1984：36）

　　其次，就酒店而言，它的视觉文化不仅在客体关系中，也在员工与顾客的互动中获得编码，全景实践和自我监控的组成形式由此得以产生。这是一个属于驯顺的主体的空间，也是一个跨文化交际受阻的空间。对消费的监控能将主体（游客）与客体（高档的苏格兰酒店）之间的关系变得与众不同。通过这家酒店所执行的商品关系，我们不得不关注对游客主体的监管结构，这些结构使消费体验个性化并让我们难以和其他陌生人交流。酒店通过商品关系将自己打造成一个与众不同的地方，而这种维持商品关系是资本不变的、连续的目标。

相比之下，青年旅社作为规范共睦态的地方，根本谈不上是战略。也许借用德赛尔托关于"战术"的概念能更好地进行描述。战术是没有权力的人的行为，而不是有权力的人的行为，战略也同样如此。它们由权力中心的缺失而决定，在这个中心，对于提供自主条件的外部性没有划分界限（de Certeau，1984：38）。战术是让时间有相关性，让改变空间组织的运动更快速的过程（p.38）。

在此，我们想到了解旅馆惯例时出现的困惑与不确定性，我们把它们看作一个与时间、中断、破坏相关的问题。由于日常生活被打乱以及要与他人再协调，时间连续性就变得困难。与酒店不同的是，在旅馆为了实现一个消费目标，不需要讲稿式的话语，为建立关系，人们的关注点不是自我，而是他人。这种目标的缺失能将社会关系重新转化为一种物质性的与象征性的必需品，因此将交流的意愿重新分配到不同的时间和地点。这是将交流意愿放在作为真正的人的他者上，而不是作为商业化经历的他者上。

回到选择的时刻，在这些关键时刻，当一个微笑可能变成一个句子或一段对话时，缺乏跟进则可能被视为将这种好感物品化和合理化为商品关系。在酒店住宿的行为，而不是住在酒店的人，是另外一种情况，这将使寻求互动的需求边缘化。在青年旅社，没有像酒店那样，有一个具体的消费对象。这就将住店人对社会关系和跨文化交际的关注点放在某个行为上，该行为将重置旅馆关系中的权力与欲望。在青年旅社，我们有着一种在时间和空间之间变动的关系。时间很重要——因为日常生活的各类中断。我们在青年旅社里腾出时间去创建新的日常安排并重建连续性。

总之，本章探究了游客的空间和时间是如何与跨文化交际产生关联的。

我们证明了现实中存在一种特有的跨文化交际的"空间分布",其中,游客间的跨文化交际在一些空间很活跃,在另一些空间会受挫。我们认为,空间、时间、身体约束和商品化现象相互作用的复杂关系是造成这些差异的原因。

在本书的最后一部分,我们开始收拾行李准备回家,旅行即将结束。

第四部分

旅游之后

第十章　回归常态

　　本章讲述离开旅游目的地准备回家的经过，将研究现实的、物质性的携带行李离开的现象，也研究重新打包后回归熟悉环境的比喻意义。我们首先分析照片和收集的纪念品，它们是旅游活动的一部分，被带回家后将融入我们的生活，或作为礼物送给别人。其次，探究行李打包的过程和从出发到回家一直陪伴的尘土。我们将分析洗涤仪式及其与文明中文化概念的根本联系。接下来，我们把这些尘土与"新东西"（新购买的物品、新获得的经历、再生的身体）并置，通过二者的并置联系，去检验回归正常过程中的秩序调整。最后，我们关注将新事物、新感受融入日常生活的过程，以及旅游叙事从口述为主到以书面写作为主的变化过程。

一、收藏纪念品

　　我们上文说过，旅游还包括完成一项面向未来的工作，即整理回忆、回应那些让我们印象深刻的去过的地方、见过的人和物。现在做这项工作，能确保未来可以讲述这些记忆，这种做法似乎有些自相矛盾。拍照和购买纪念品为那些短暂的旅游时光赋予了物质性的、可持续的形式。它是一种象征性的方法，从现在的经历中提取能超越旅游期限的片段。它让游客变成"收藏者"，让他们能在未来记起这段时光。

　　斯凯岛西北方向有一座纪念碑，纪念波尼王子查理时期的著名人物芙罗拉·麦克唐纳（Flora Macdonald）。石碑上刻有如下文字：

　　　　"在基尔穆尔陵园埋葬着金斯伯勒家族的下列成员：亚历山大·麦

克唐纳，他的儿子艾伦、查尔斯、詹姆斯、约翰和两个女儿。芙罗拉·麦克唐纳，逝于1790年3月，享年68岁。'如果勇气和忠贞是美德，这个名字将被历史铭记。她中等身材，温和相貌，举止温柔，气质优雅。'约翰逊记。"

这是坟墓大理石碑上的题词，由陆军上校亨利·麦克唐纳（埃克塞特区的皇家学会会员）题写。此人死于1831年8月16日，是金斯伯勒家族的芙罗拉和艾伦·麦克唐纳夫妇最小的、最优秀的儿子。游客们都会在此照相，表明自己来过此处。为了缅怀逝者，这些文字已被艾伦和芙罗拉的玄孙陆军少校雷金纳德·亨利·麦克唐纳（不列颠帝国勋章获得者，已退休）修复。

这段题词在许多方面提供了有趣的出发点。我们想提一下缺失的东西——那些被游客带走的石头。上文已提过，以前的游客经常收藏斯凯岛上的石头。每一块带走的石头都是一个象征，能让人想起一个地方，一段神奇的历史，一个探索意义、触摸历史的时刻。它能作为证据能带走，这是任何口述形式无法做到的。换言之，这些石头能代表经历，能触发记忆和重唤情感。这些石头不只是古老的石头，对于将它们带走的人来说，这些石头赋予了意义和情感。

游客们带走石头、沙滩上的卵石和珊瑚块，这些东西与民族的或关于人物的浪漫主义神话没有太多联系，更多的是与在一个美丽却偏远的苏格兰小岛度过的时光相关。然而，在纪念碑这里，游客们只是照相。他们照相时，还在说起以前的游客令人吃惊的收藏行为。在这里，我们发现游客们也效仿那些早期的游客，但是他们给没有生命的物体赋予不同的道德情感，而这些物体有助于澄清，更重要的是能记录他们和早期游客在行为上的差别。

其他物品也可作为纪念品。就我们曾提到的，孩子们购买不同版本的、绿色的尼斯湖水怪玩具，成年人买威士忌酒带回家。当地的各类信息和事物被收集、分享、检验、记录并被带回家。在夜晚，在青年旅社的大厅里，我们发现自己反而成为关键的知情人，因为我们很了解苏格兰特色并知道哪些东西值得收藏。加文为一些认识的德国游客写了几条盖尔语短语。他们通过明信片把这些短语"寄"回家，骄傲地展示自己的发现。

图 10.1　芙罗拉·麦克唐纳的纪念碑

二、照片

拍照已是每次旅游的习惯，能在一连串的旅游活动中嵌入休息时间，从而增加一种反思性，增加记录的时刻。我们主动帮助所调查的游客拍照，但是发现许多游客更喜欢拍没有人的风景照。他们回家后讲故事时，会用这些照片，这些都是崎岖的户外风光和"原生态大自然"的照片。它们的故事与苏格兰风景浪漫主义的神话相符，这些故事也是第六章所探讨的书面文化行李的一部分。正如在第五章和第八章所描述的，尽管真实的旅游经历是叙事和文化口头的、短暂的形式，拍照和购买纪念品能前瞻性地将图像和物体与已经存在的公共的、神秘的建筑物合并在一起，并转变为叙事的书写与文本形式。

尤瑞（Urry，1990）对浪漫主义凝视做了大量论述，很显然这种凝视既是私人的又是集体的，并与我们这里的分析密切相关。浪漫主义运动是 19 世纪的一种文学运动，讨论都是用过去时。然而，我们认为，作为审美的跨文化实践和话语角度，浪漫主义视角是鲜活的，并且以现在进行时存在。在浪漫主义凝视中，我们期待许多现象，通过浪漫主义凝视的视角去观察，用浪漫主义的术语来讨论，并且以浪漫主义的方式融入苏格兰的公众话语。正如阿兰兹（Arranz，2004）证实的那样，把苏格兰作为旅游目的地来营销，在很大程度上依赖浪漫主义图像。浪漫主义运动给了游客一种认识和宣传苏格兰的方式。照片可以证明这一点。

巴特（Barthes，1977）曾有个著名的论述。他认为摄影具备符号学内涵，通过与文化形成关联来补充符号，同时摄影也是一种具备融合能力和消除疑虑的制度性活动。对照片及其内容的分析促进了旅游文献的发展，广义上来讲，就照片图像的演绎和传播而言，促进了文化研究的发展。我们在此并不对照片进行符号学分析，我们感兴趣的是拍照这种实践，它把正在进行的动作记录下来，并且装上镜框，具备让人回忆和叙事的跨文化交际潜能，这点我们之前已论述过。

图 10.2　苏格兰高原的母牛：永远的拍摄机会

照片是种实物，是我们在特定地点对感兴趣的现象做出的回应而拍的，是记录科技普及的结果，已成为一种社会和文化实践。即使有数码相机，拍照后，照片也会被冲洗出来。换言之，某个场景让人感兴趣被拍下的那一刻和照片冲洗出来存在时间差，照片本身也算是一个文本，会从符号、情感、物质等层面让照片的观众有更多的关注。就此而言，照片图像与文本叙事的功能类似，都是从身边环境中剥离出来的，能携带，并且能触发不同的情绪和想象。因此，照片是纪念品的典型例子，它们都能超越旅行时间，在不同环境中移动并停留。

三、收藏文化

"纪念品"这个词当然来自法语单词"souvenir"，它不仅代表着纪念品和记忆，更意味着"记住"这一动作。照片作为纪念品，是手工制品收藏的一部分，这些收藏品被带回家后，成为记忆和故事的触发点。它们被保存在相册里，成为独特的收藏品。大家在拍照时，都期盼未来能对照片进行剪贴，将它们粘起来并做好标签，并集成一个相册和照片库。本雅明（Benjamin）认为，这项活动的特点是对收藏的热情。

> 博学的人都会收藏一些来自边缘领域类似书的作品。它们不一定是粘贴式的相册、家庭相册、签名册或装有小册子的文件夹……收藏者对藏品的态度就像主人对财产的责任感一样。（Benjamin，1973：68）

本雅明也提到其他类型的材料，如小册子、传单等，它们也被带回家。如果有其他人需要或感兴趣，这些材料还会经常被翻出来，重新被用来应对和设计想象中的旅程，影像和可携带的书面材料能让想象更丰富。在这里，强调财产和图书馆的"运营状态"对我们的目的很重要。不管收藏的是什么，威士忌、传单、信息或照片，这种行为都让它们成为私人物品，让它们建立紧密联系。本雅明说："当藏品没有主人时，收藏就失去了意义。"（Benjamin，1973：68）

我们见证并自己参与的收藏活动，是我们项目"数据收集"的一部分，是让目前的事物能在未来有意义。这是我们在第三部分提到的旅游语法的另一个方面。它以物质化的方式做了一次旅行，暗示着创造力，使反思性成为可能。它是一种充满情感的工作，用全身去回应自然的召唤及其未来的美学和叙事的潜力。它是一种社会惯例，但是每按一次快门，就代表相册里有不同的照片和带回家的不一样的故事。

> 因此，按照最高层面的意义，它是继承人的态度。收藏品最显著的特点是它总能被传播。（Benjamin，1973：68）

我们看到的"热爱收藏的"游客，在他们所处的环境中，仔细寻找手工制品和拍照的机会。没错，对目前来说，这是旅游的一部分；对未来来说，它们是回家后所讲的故事、摆在家里的手工制品。比如说，在凯斯岛度假时拍的很多照片会被游客广泛传播，如通过当地夜校的讲座、网站、光盘或私人相簿。我们在此看到的是照片收藏者——我们并不认为所有度假的人都是充满激情的摄影者，都会收集材料。一旦带回家后，这些材料可以用来写作，并且可以用来证明书面的、文本叙事比在度假期间占优势的口头叙事更重要。这些新的、可携带的物品，即这些旅游文本，既是私人的，也是公共的。它们保留了私密感以及个人的认知和经历，但它们经常被出版，在网站上被报道，有人会在晚饭后坐在沙发上读，午休时在咖啡厅读，在办公桌上读。它们是表象也是物品，就此而言，它们成了社会事实。

> 它们是收藏者的快乐，是休闲之人的乐趣！没有人比收藏者拥有更多的期待，没有谁会比收藏者更具幸福感。所有权是一个人与物品之间所能建立的最亲密的关系。并不是它们因收藏者而充满生气，而是收藏者因为它们而充满活力。（Benjamin，1973：69）

在此产生的客体关系是复杂的，既与现在和环境有关，更重要的是，它也与未来和非旅游的生活有关。我们可能会说，作为收藏的活动之一，照相使记忆在未来更有层次感，让有限的娱乐时间更好地融入日常生活。它能确保人们回忆起自己的经历，让回忆是完整的，同时证明它们发生过，而这些都能提供线索，让人们从众多的记忆中找到某个故事。

四、打包准备回家

打包回家时不会像打包去度假时那样，有同样的准备和期待，也许这是一个普遍规律。我们清楚自己需要什么，所携带的大部分东西都是那些在家日常生活中也需要的。我们出发时小心翼翼地把东西折起来，回家时就可能是直接塞进包里了。我们用旧衣物把新买的易碎物品包起来，小心地放在行李箱的隔间里或汽车后备厢，生怕其破损或溢出。

脏的、要洗的衣服被挑出来放进大袋、包或隔间里。外出旅游前打包行李的规则并不完全适用于回程。我们会扔掉一些东西，不再带回——旧的 T 恤衫不会再穿或已被有时髦商标的 T 恤衫取代。在回程打包时，一些食品和用过的药品就变成了垃圾。

我们对旅行及其紧急情况有了更多的了解，整理回程行李的逻辑更多的是基于已知的事物而非未知事物。"我的家门钥匙在哪里——我需要随时可以拿到？注意那瓶威士忌——那是给邻居们的——他们帮我们看东西呢。"此时"最被照顾的物品"是那些可以证明经历的物品；各种各样的礼物、纪念品，它们都被有汗味的 T 恤衫包起来。

放入行李箱的不只是物品，陪伴着回程的还有各种情绪。对新体验兴奋不已的游客们也有所改变，变得沉默，但对即将开始的回程还是反应敏捷。情绪和感情也被打包，这也属于回程准备的内容。

宿舍很安静，每个人都很专心。今天大家都要离开，继续旅程。把所有的东西重新整理好确实很费劲。基本上没有期待，更多的是伤感。"别忘记了你的大衣。"我们背上肩包，平静地微笑，在前台排队，争取在早上十点前办好退房手续，然后与认识的人道别。我们握手，拥抱，还讲了一些笑话，让这个尴尬的时刻快些过去。

我们在这一幕所看到的情景代表情感的过渡，从一个作为跨文化现象的共睦态时刻过渡到熟悉的文化结构。这种尴尬的局面证明，这些依靠社会人彼此疏远的关系是第一次经历的奇怪关系和离别，是现代性的奇怪现象。根据两位特纳（Turner & Turner, 1978）的观点，旅程不是直线形的而是椭圆形的。这里有两条路而不只是一条。在沿途到达的点或标志物中，有许多已在各种苏格兰旅游日记和博客中得以描述——这意味着更广泛意义上的旅程已开始。

这让回程成为"真正"的终点。与到达旅游目的地相比，安全回家、行李完好和准备好讲故事是更重要的目标。从欧洲大陆到和苏格兰之间的"非地方"事物（Augé, 1995），如轮渡码头、租车公司办公室和机场休息室又被熟悉的地方、被自己的家、被非游客生活的日常琐事所取代。尽管如此，这些所谓的"非地方"还是很重要的、人来人往的地方，它们会出现在我们回程的故事中，让我们有可能惊喜地邂逅某些朋友，买到最后一套纪念品。我们从机场休息室、边境服务站和轮渡码头拿到的那些介绍苏格兰的文字材料也很快会成为日常生活的一部分。

最后我们平安到家。

五、回到正常的生活

有趣的是，我们发现"travel"这个词的修饰性形容词中，有 12 个是指旅行结束时出现的混乱和污垢。

5. *attrib.* and Comb., [...] instrumental, as *travel-broken*, *-disordered*, *-soiled*, *-spent*, *-stained*, *-tainted*, *-tattered*, *-tired*, *-toiled*, *-wearied*, *-weary*, *-worn adjs.*

——《牛津英语词典》

我们已知，至少在英语里，"travel"（旅行）这个词派生于"travail"

（劳动），而不是源自"休息"的概念，这点很有意思。为了回程需要做些工作，就像为了休息也需要做些工作一样。总体来说，我们出发时是干干净净的。出发前，我们会洗澡或淋浴，把日常或工作时穿的衣服换成干净的旅行穿的衣服。我们洗好要带走的衣服并整齐地折叠以方便打包。可我们回家时，大体上却是脏兮兮的。"旅行疲惫"或"舟车劳顿"可能确实是游客到达度假目的地时的情况，但这种疲倦感会因游客到达目的地而变得兴奋和换上干净衣服后而减弱并消失。所以这两个词更适用于描述度假返回时的情况。假期结束，回程结束，生活也恢复了正常。通常情况下，回家比到达新地方的叙事价值低。旅行算是特写，回家后基本不需要重建习惯，因为习惯仅仅是处于休眠状态，周围都是熟悉的实物。

当然，不能重新回到日常生活的故事也很多。房子漏水、入室盗窃、植物死亡、坏消息等都有可能打乱我们重新适应日常生活的节奏，我们可能需要时间来重新开始。格拉本（Graburn，1978）所确认的、伴随出发时的"小小死亡"的所有因素，这里都有——于是我们会托付邻居、家人或朋友去照顾生活中的一些物质性的东西，如为植物浇水、照顾宠物、保管钥匙，尽管是暂时让他们帮助。格拉本同样也认为回程会出现问题：

　　重返日常生活也是充满矛盾的。我们不愿意结束假期，结束刚刚体会到的、也许是暂时的兴奋感；另一方面，许多人因为能平安回家而感到欣慰，甚至期待这段紧张的、影响情绪的旅程早些结束。我们常常带着文化冲击回到从前的角色。我们继承自己的过去，就像一个继承了房产的人，必须重新开始，因为我们已不是原来的自己了，我们是体验了娱乐的、全新的人，如果我们没有感到焕然一新，那么旅行最主要的目标还没有实现。（Graburn，1978：23）

有很多日常事务要处理：一堆未开封的邮件，或者乱七八糟的堆放在邮箱里，或者在我们回来前已被好心人整理好并放在餐桌上或电话旁。这样的整理工作有助于我们回归正常，最大限度地减少缺失感和混乱。

六、非旅游的生活

喝水、吃饭、洗澡、睡觉，这些事情在我们回家后马上成为日常活动。我们可能会打电话告诉亲友和家人："我们回来了。""旅行怎么样？""很棒。"快速交换新闻、观点、故事的片段，这些不是舒适的炉边长谈或是用餐时的闲谈，而是一种敷衍式的告知对方一切都好。时间和经历被浓缩成简短的话语以方便日后再被提起，但也许更多是以文本的形式。

行李箱清空了，东西收拾好了，旅行中购买的物品有了摆放的地方。在接下来的几天里，就会冲洗照片或把电子照片存进电脑里。人们又彼此打招呼，日常生活的联系重新建立起来。我们买新鲜食物，发现自己寄的明信片已到家，我们开始制作与旅行相关的剪贴簿和相册，我们发现游客们开始写文章。网络上到处都是去苏格兰旅行的日志、故事和照片。

就此而言，我们可以把回家后写下文化经历的游客看作文化翻译者。他们以文字的形式讲述旅游经历并且使用大量实物、图像、纪念品，当然还用语言把意义从过去搬到现在，把口头叙事变成书面叙事，把地方变成表现空间。

> 用文字记录文化故事……能让故事化的事件拥有固定的特征，为它们提供一种新的、不变的特质，同时将它们纳入不断增多的故事之中。（Abram，1997：195）

旅游活动在目的地文化中留下痕迹，这在旅游文献中有很多描述，但它也能把叙事带回本土文化做深入交流。它们让人发挥想象，唤起情感，调动感官——触摸陶器纪念品，欣赏新照片，边回忆边说出某个外语词组。用来描述感知和体验的比喻和形容词通常很有文采，很有诗意，就像麦菲（Mcfague，1975）所说的，隐喻是思想传递的方法，是想象力的媒介。

度假是一种改变、一种休息、一种与日常惯例的决裂。在所遇到的游客当中，我们可以发现，与格拉本（Graburn，1978）所发现的一样，这种暂停书面和文本叙事而采用口头叙事的做法代表将正常的生活颠倒过来。

就此而言，我们调查的游客在某种程度上遵循了人类学家所描述过的倒置现象，即经济资本少的人会追求物质上的奢侈，而那些经济资本多的人会追求物质上的简单。

图 10.3　在酒店外向新朋友告别

这种改变或暂停为其他生活方式创造了空间和时间，我们将这些方式理解为旅游活动。这段时间的影响可能会长久地留存在我们所讲的故事中，这种影响不是回程后把衣服熨好又再次叠好后就消失。许多内容将被遗忘，但有些故事将受到青睐，被反复提及。它们可能还是泰迪熊丢失后引发的"灾难"——或是幽默的故事。

假期结束意味着将收集的经历和经验打包带走，这涉及相互关联的记忆、物品和故事，它们再次呈现的时间取决于环境、安排以及在未来的展现形式，比如讲故事、写日志、建网页、做幻灯片或只是回忆而已，这些都算是反思性的工作，我们在第三章已描述过。它在不同的空间和时间出现，比如在台灯下用胶水粘贴照片时、在网站上发帖时、吃饭聊天时、和家人与朋友聚会时。

我们回家后，会把最喜欢的故事、纪念品和照片放在一边，让它们先休息"恢复元气"，然后在必要时再拿出来，特意地或自发地去展示它们，但展示的形式却是新的，是新的表象、新的秩序，而不是按照它们发生的"真实的"时间来排序的。这样，我们发现一次外出旅行在非旅游生活和杂乱的回忆中产生了创造性的影响。我们在此也看到了本书结构的局限。

正如开头指出的，打包、拆包和重新打包是一种整理物质的方法。它与假期从开始到结束的时间线一致，但是我们在此看到的实际情况是，这些实际的打包和拆包的例子不是独立存在的，而是相互重叠、相互包含的。正如我们在第二部分指出的，一个人的故事和实践经历，一个人的地图、导游手册和小册子成了另一个人的行李。虽然打包、拆包、重新打包在概念上可能是分开的，但它们的过去、现在和未来的时间模式其实是相互包含的。

旅程的确是椭圆形的，它也融入日常生活之中，虽然这种生活没有本质上的改变，但随着经历以新的形式融入进来，确实可能变得更丰富多彩。

在此我们感受到人类学传统的力量，这种传统把旅游活动看作一种神圣的旅程（Turner & Turner，1978）以及一个阈限的、仪式性的事件。这些都是强有力的、令人深思的理解旅游的方式，有着宏大的叙事功能。我们将广泛地接受他们的假设，但也希望区分这种战略性的旅游元叙事与游客及其叙事所采用的更为世俗的策略。总体来说，游客们在去苏格兰旅行之后并不会把他们的假期当作神圣的日子。就像之前所说的，他们的言语，如果有的话，相较明显的宗教特色，更具备浪漫主义的风格。他们可能会感到焦虑和受到文化冲击，但是这些活动不一定要被归类，分成过渡的、阈限的、象征性死亡的元叙事，即使我们能够辨别这些特征。我们并不希望完全接受阈限、神圣甚至超越等视角的旅游理论，我们更愿意以一种更直观的、物质性的方法来对待把旅游视为神圣旅程的观点。

本章及全书所讨论的现象，引起了我们的关注也让我们参与其中，但它们谈及的与超凡之神的交流，远远少于凡人的物质世界参与性的行为。这些行为和主张可能是戏剧性的、充满叙事潜力或稍纵即逝的，但它们并没有排斥超凡空间的阈限、类阈限或共睦态。相对于世界上的这些行为，这些相互认知和跨文化交际的行为以新的方式让生活变得有形、可触摸和明智，这些方式打断日常生活并成为其中的一部分。

正如我们注意到的，日常生活在旅游的空间和时间中重塑了惯例，因此我们发现旅游时间和空间被重新惯例化并融入普通的、非旅游生活的时空节奏中。我们在此不是讨论一种非此即彼的关系：清洁—肮脏、过去—现在、旅游—非旅游、神圣的—世俗的二元结构，而是在讨论不同存在模式之间的惯例和强度的辩证关系。换句话说，神圣的旅程变为普通旅程。我们认为，这种变化的出现是因为旅游改变了我们与时间、空间和地点的关系以及对这些现象的认知。

第十一章　结论

旅游很重要。它为何重要，如何作为一种存在模式在具体的旅游实例中体现其重要性，是本书的重点。我们重点关注交流的概念，从旅游中跨文化生活的变化出发，对它的维度和机制进行了研究。我们认为，交流不只是游客的一种重要社会实践，也是一种更广义的比喻，其中旅游可以理解为一种日常社会活动。在本书的最后一章，我们综合了研究所得到的一些初步结论，以展示这项针对旅游行前、行中、行后的跨文化生活的研究，它是一项理论驱动、基于实证的研究。

我们认为，以这种方式理解旅游的重要性在于：旅游可能给我们一些基本启示，即当我们不是游客时，可能过上一种不同的日常生活，因为我们在旅游中都有这样的经历——要能够讲述自己或他人的故事。在（晚期）现代资本主义社会经济背景下，我们辩证地追求生活的方式会成为这些故事的焦点，并且会影响日常生活中的可见性和不可见性。

一、穿梭于物质的和比喻的交换之间

我们从实际和比喻的角度对行李的打包、拆包、再次打包进行了研究，以此来展示跨文化生活的实质。行李和打包是我们作为游客的标签，它们是那些只有在旅行时才会使用的描述行李的词语。我们知道，从现实或比喻的角度使用行李和打包这样的词汇时，一定程度上存在潜在的后现代主义的影响。旅游文学如此，批判和解释文学也如此，我们经常会遇到一个二分的建议，即文本和文化信息必须是后现代主义的和戏谑的，或历史的和物质上的。然而，需要说明的是，我们使用的比喻有更多的内容，不仅仅是文字游戏。我们的调查既是历史的和实质的，也是戏谑的和讽刺的。

从恶作剧到政治，不同程度地采用文本和文化的解构主义解读，这种主导意味着对历史和物质的关注还在持续影响解释学的实践。瓦伦丁·坎宁汉姆（Valentine Cunningham，1994）曾抨击某些解构主义和后现代主义作品的解读成为主导的现象，并试图改变文学作品不平衡的现象。他坚持认为，历史和世界的物质背景是文本和阅读发挥作用的基本要素：

> 我认为，我们不仅没有必要（在实证主义和解构理论之间）做出选择，而且严谨的分析也不允许我们做出选择：这是一种没有任何意义的行为。按照索绪尔、德里达关于语言分析的解释，意义会在奸诈的、狡猾的地方产生。在这里明显的对立面醒目地连在一起，以至于它们的边界区域的相连部分和相对部分必须同时被阅读和解释。这是写作以及艺术作品的"中间性"背后的逻辑。马丁·布伯（Martin Buber）支持这种说法，他的经典评价是：艺术既不是自然客观性的印象，也不是精神主观性的表达，它是人之实体与物之实体之间关系的成果和见证，是已形态化的"中间状态"的真实情况。（Cunningham，1994：60）

在使用"打包"和"行李"这类戏谑的词汇时，我们正努力反思它是如何被想出，以及如何通过"介乎两者之间"的物质形式来得以实践的。正如我们在第二章提到的，根据西莉亚·卢瑞的观点，旅游研究，特别是更为广泛的人类学研究，最近才关注"介乎两者之间"这个话题，其主要方法是将阈限作为一种仪式实践来看待。在研究游客"在旅行中住宿"的新的物质生活时，我们试图通过讨论日常生活中旅行包在物质和文化上的真实性来区别这个概念。

一方面，正如所展示的那样，这种针对人的"居住和旅行"和旅游标志物的实证研究，已经假定旅游研究中的众多二元论都有其脆弱性，特别是第二章阐述过的宏大叙事中的二元论。我们的研究表明，很难把旅游限制在一个商品化的、抽象的交换市场中，因为消费者要么被动地被资本利益所同化，要么主动地对它们表示冷嘲热讽。当打开自己的行李或观察别人打开行李时，我们逐渐明白，旅游跨越了工作与休闲的界限、赠送礼物与商品交换的界限、反乌托邦和乌托邦的界限、同化主义和犬儒主义的界限。

另一方面，我们发现物质和比喻的层次是按照大量不同的和基于当地的交换形式呈现的。通过关注当地居住和旅行环境，我们可以看到无数非市场的交换及其社会关系是如何让商业活动稳定进行的，并证明在这个领域并不存在于所有的时间和空间之中。有时，游客会受到商品化交换的需求和实践的质询；有时，他们没有像消费者那样被质询，此时消费者的角色是日常生活和交换的生产者。接下来我们会更深入地探讨这个话题。

是什么促进或阻碍了跨文化交际，以及交换本身在此过程中的作用，是指导本书的主题。交换对于假期中的跨文化交际的成败至关重要，主要体现在具体的背景、有趣的政治。我们在斯凯岛发现了交流的一系列的、特别的表现形式和强化方式，有叙事的、经济的、跨文化的、身体的、物质的以及知识的交流。表 11.1 列出了前几章提到的不同的交流方式。

因此，交换是旅行生活中的一个重要实践，如下所示，它有不同的形式，因此构建了"旅行中的住宿"的不同模式。有时它在"旅游罩"（tourist bubble）基于市场的交换中实现，有时它以在青年旅社交换食物的形式出现，在那里，微笑即货币；有时它涉及讲故事以及交换建议和信息。交换也是一种充满想象力和情感的行为，比如第八章提到的德国家庭，对于他们来说，交换基于充满想象力的北方浪漫神话以及由此产生的期望和灵感。

表 11.1　交流方式

叙事	物质	跨文化	经济
时间的	客体关系	帮助	金钱
物质的	解释学	毗邻	故事
社会的	故事道具	食物	帮助
说教的	讲述	建议	信息

叙事	物质	跨文化	经济
资本	洗浴	信息	食物
空间的	食物	倾听 / 诉说	消费
身体的	消费	翻译	形成新习惯
记录	休息	语言	
修正	反思		
实践			

如第三部分已详细说明，在到达暂住地打开旅行包，对于缺乏经验的我们来说是一种情感上的震动：感觉与环境格格不入，感觉远离家乡，感觉变成了旅馆里的某件实物，在慌乱中学习新的行为规范。这些不同的交换模式和相关的情感意味着在某时某地，跨文化交际所需的社会关系是闭塞的，而在其他时间和地点却很活跃，就像第九章所描述的那样。这些有特定语境的交换模式会产生政治上令人感兴趣的影响，能记录与资本不同的联系。

从使用的数据和理论构架来看，我们所描述的是正在进行的交流，是一系列游客的实践。这里的权利和竞争对于社会交流不总是主导规则。一方面，用德赛尔托的话来说，我们的确参与了资本战略的质询和具体化，住在弗洛拉湾酒店的客人和跟随导游参观培提酿酒厂的游客或许是最好的例证。在这些案例中，我们所有人很难参与互动和对话，导游对我们进行了监控和规范。可以说，这两种情况是基本旅游景观的一部分，这里的商业关系占主导地位，对自发的、没有讲稿的交流产生负面影响。

但另一方面，情况并非总是如此。通过观察和亲自参与，我们发现交换的规则并不只是受旅游景观、旅游陷阱和资本投资项目主导或限制。我们在交换的资本关系"之内和之外"从事旅游活动。正如本书前几章所详细阐述的，我们的经历说明了基于不同价值的交换的新规则和结构，也说明了对商品关系的抵制，而人们经常认为，所有旅游交换都是建立在商品关系之上的。我们参与过的多种交流形式说明，资本在旅行生活中远非无所不能。它们实例化了德赛尔托的战术概念，即对资本战略进行日常的抵制并破坏假定的资本霸权。在非市场的意义中，这种"另类"的交流为另类的、可以讲述的故事奠定了基础，即不会自动地将旅游视为生产和消费关系的必然结果。

相反的是，我们所观察到和参与过的不同的交换为旅行生活的中间状态提供了实物形式。这种中间状态所体现的接近性表明，旅行应该从"两者都"，而不是"两者择一"的角度来考虑。在本书最后，我们关注研究让我们发现的与旅游相关的另类故事。这些故事来源于一个实证研究，该研究试图批判，同时也避免之前普遍存在的空谈理论的现象。这些另类故事是对行李产生实质和比喻上的影响后出现的。

二、旅游的丰富性：一个另类故事

是什么让我们的旅行故事变为另类（alternative）？前面提到的一个原因是，它表明旅游既不好也不坏，既不让人疏离也不让人解脱。它只是商品交换或礼物交换，可能是物质上的也可能是比喻上的：它可能成为这些事物中的任何一个。游客在这些对立中存在：他们成为既是产出性的又是消费性的生命形式，这是世俗世界中的一个错综复杂的奇迹。然而我们想说明的是，这里的另类有更多的维度。更具体地说，它揭示了跨文化背景下的交换如何能变得丰富多彩，它也从本质上揭示了与他人相处的对话原则，并动摇了推动当代经济生活中所谓的匮乏理论（myth of scarcity）。旅游很重要，因为它使我们了解人生丰富性的对话原则显而易见。旅游是社交联络、分享过程和现象的潜在启示，而我们需要把这些启示带回到非旅游生活中。

度假期间的社会联系、旅途中让我们关注的各类现象都会出现新的形式，这些结论可以通过对旅行仪式的解读来核实，而旅行仪式常与更宽泛地将旅行视作朝圣的概念相关（参看 Bauman，1996；Graburn，1978；Turner & Turner，1978）。令人感到惊喜的是，如果参考与朝圣相关的旅游文献来探讨这些问题，我们可以找到研究旅行／旅游和社会关系／社区之间关系的神学作品，它们很有意思，并有启发性。就此而言，罗恩·威廉姆斯（Rowan Williams，2000）和沃尔特·布鲁格曼（Walter Brueggeman，1999）的研究成果能让我们开拓思路。

我们先从文化历史的背景说起，威廉姆斯（Williams，2000）通过解读包斯（Bossy，1984）有关中世纪教会和社会文化变迁的研究，提供了第一个可以引起共鸣并继续展开的论点。他的评论说明，在过去的（宗教）节日中，当敌对社区通过暂停敌意和改变与圣体的关系来调整自身观念后，另类的社会关系是如何形成的。受福柯的影响，威廉姆斯在其研究中关注了我们在理解和实践社会联系时发生的转变。在中世纪，在夏季的基督圣体节假期期间，人们搁置敌意、表演神秘剧并参加基督圣体的圣礼游行。在这种背景下，威廉姆斯（Williams，2000：68）描述道：

> 社会意义通过以下方式发挥作用：在彼此心中"构筑"（nesting）观念与信仰；教堂这个社会机构被看作基督的圣体，同时基督圣体又存在于圣祭礼的圣餐中；以微妙的方式跨越并再次跨越不同话语场之间的界限。

我们还是可以参考坎宁汉姆的观点，把它说成是一个"中间真实性"形式化的实例。中间状态是一个地方，不会让我们远离社交生活。它是一种日常生活的实践，也是人的亲身经历。在这里我们可以增加旅游文学中"中间性"这种很受限制的观点，这也是我们早前提到的。重申一下，这种中间性常常是依据阈限的仪式形成的，这属于生活中神圣的、超越的层面。然而，我们认为中间性的协商还涉及物质的、想象的和创造性的形式（它们可能是火柴、青椒或供日后回忆的日记），因此"神圣"是一种普通的、日常的体验，对于旅游而言，说它是超验的，不如说它是具体化的。阈限模糊性不只是"标明界限的"仪式的一部分，也是交换的跨文化生活中一个"普通的"方面。

在无战事的节日里，不同部落的观念和社会关系的构筑有可能产生那些与基督圣体节相关的、新的社会联系。和平、非竞争时期的话语分享和在青年旅社等地方出现的基于创意性交换的共睦态很相似。尽管我们的研究是在一个相当世俗化的时代出现并发展起来的，但它还是让人想到安息日、神圣的日子、假期以及在资本主义、全球化和新自由主义出现之前就一直存在的生活方式。我们并不是要采用浪漫主义的观点去审视过去，特别是教会的历史。我们在这里想要指出的是一个相似之处，现有的、竞争性的社会关系的变化可能改变，在过去是因为教会将假期（如安息日）制度化，而在当代是通过本研究所提到的特定的旅游活动。

在另类的故事里，我们发现竞争的规则和反睦邻的做法，这是现代游客和资本主义的故事基础，并不适用于我们所说的另类旅游经济。在度假时，游客通过交换日常生活物品来获得一套更为宽松的规则。也是在这段时间里，他们有更多的空间和时间去放松自己，去分享物品和知识，去给予帮助和建议，去讲述他们的故事。打包行李的过程很具体，包含着某种文化习惯。但它也是一种惯例化的方式，即暂停日常的习惯活动，去尝试其他的方式，在新的地方从社会生活的背包中拿出行李，并用不同的方式来排序，然而这只是暂时的行为，也不会忘记非游客时的游戏规则。在中世纪，节日（如安息日、每年第七月的第七天）时观念的"构筑"展现得最为明显，它们是围绕着对圣体的关注——有社会的、政治的和与圣祭礼相关的——在不同的庆祝习惯中表现出来。

在中世纪，它们涉及交战派系相对立的价值观和生活方式的"构筑"：在当代旅游活动中，它们涉及不同文化和语言背景的游客的交流。与资本相关的规则被暂停，像安息日的原则一样，常通过在青年旅社里的规范共睦态来实现特纳所指的"畅爽"（flow）：

> ……我所称的共睦态有一种"畅爽"的特点……它不需要规则来激活。……需要重申的是，"畅爽"是个人可以体验的，而共睦态最初显然是在个体间产生的——这是我们所相信的共有的东西，它在我们的对话中产生，使用语言或非语言的交流方式，如表示理解的微笑、点头等。（Turner，1982：58）

我们坚持认为，特纳所描述的这些"畅爽"、共睦态以及交流时间，在旅游活动中并不是永远的、持续的，但它们可能并确实出现在旅游过程中，这是微妙的，但很重要。按照这种方式，通过准备和期待，这些时间告诉我们一些非旅游生活的情况。这种共睦态的时间可以引发对另类性的反思。我们调查的游客改变了资本游戏的惯例，在此过程中，他们动摇了资本主义规则得以实现的基础。前几章中提到的"共睦态"，它的出现正是通过放慢节奏、休息或舒展身体、打破日常惯例、暂停或插入停顿等方式实现的。

前文已提到，身体很关键，威廉姆斯所说的"观念的嵌套"的方式是通过身体和我们对它的关注进行的。因此，第七章应该关注"脱离习惯"的身体，这也许并不奇怪——在这里，这个停顿或暂停，是一个深刻的、具体化的情感体验。在那章里，我们描述了身体是如何从日常惯例中脱离出来，以及我们是如何被要求根据客体关系，通过与陌生人分享时间和空间来重塑习惯的。如我们所描述的那样，正是通过在青年旅社的跨文化交际，通过对身体的日常惯例的重新调整，以及与随后行为准则的融合，这种共睦体才会出现，分享才成为现实。这种"停顿"是两者之间的物质形式，有许多重要特点。这些特点可以通过对话原则或"我—你"原则（principle of 'I–Thou'）更深入地诠释。

在《受盟约束缚的自我》（*The Covenanted Self*）一书中，沃尔特·布鲁格曼探讨了《旧约》选段中"盟约"的概念，把盟约视为分享生活的一种模式。他认为盟约能完全代表他所说的"消费者自治"。他者是分享生活的核心，布鲁格曼将他者定义为不只是自我的一个反客体，而且是一个动词。他写道，他者是：

> 与一个不属于我们，但我们要对其负责、要听其命令、并从那获得生命的人交流的过程，这种过程是冒险的、高要求的、动态的。（Brueggemann，1999：1）

这种观点是"我—你"原则的一部分（也被称为"他异性原则"或对话原则），它最常让人想到本书前文提到的马丁·布伯。根据他的观点，不存在独立的、自主的人类动因。相反，我们对自我的概念与他者的概念有共同的空间范围，因此生活的过程就变成了：

> 和这个与我们相关但同时不相称的他者达成妥协。相关性和不一致性之间的冲突才是生活的推动力量。（Brueggemann，1999：2）

在青年旅社和其他进行创造性交流和自发互动的空间里，我们重塑日常生活的惯例。在这些地方度过的时间准确地让我们知道，我们的自我和身体的脆弱性以及这种对话原则的力量。面对新人、新事、不成文的规则和新的身份，这些不同的他者提醒我们，我们处于"被对话的、不稳定的、未完成的、正在进行的状态，不完全是自己想要的或假装扮演的身份"（Brueggemann，1999：2）。他们引起我们的关注，同样我们也引起他们的关注。他们的关注以及所引发的紧张和不安，都要求有新的分享生活的模式或者新的受"盟约"约束的安排出现。

不管我们是游客还是研究者，某些现象同样令我们特别关注。它们在情感上、智力上和物质上对我们产生影响，将我们带入时常不由自主和不可预知的交流中。然而，我们应该明确，这些现象、这些他者，不仅仅是现实存在的人；这些他者也包括安排好的事件、偶发事件、历史、故事、有形的手工制品。此外，应该注意的是，我们关注这些人和事时，自身并不是"处女地"。就像我们遇见的各类现象一样，我们的思维也包含以前的传统、历史、纪律体系。在另类的对话中，这些现象在选择我们的过程中，能把我们从既定的常规和日常生活模式中带领出来，然后再将我们带入不同的甚至是新奇的存在方式。

这些对话和盟约出现的过程中，需要给予与索取，我们采取了一种辩证的自我主张和自我放弃的做法；我们在别人需要时会给予某些实践和想法，与此同时，我们会做出安排来满足自己的需要并号召其他人协助。基于布鲁格曼所说的"辩证的和解"，这种受盟约束缚的自我表明，旅游可能很重要，因为它能包含"学习技能和敏感性，包括坚持自我的勇气和放弃自我的优雅（Brueggemann，1999：8）。是他者要求我们停止，打破日常

174

惯例。根据"我—你"原则，我们可以找到其他选择，能代替那些被看作理所当然的做事方法，这些方法基于一种意识，即我们所做的"两者取一"的选择可以改变，也可以和其他人以不同的方式去体验生活。

因此，旅游既可能定期强化相同的事物，也可能产生"不协调"的、另类的社会关系。旅游可能是运用差异性策略的场所。我们指的是，在旅游过程中游客生活在这两种可能性之间。他们在两者之间转换，并在这些反复的动作中找到了物质和情感上的安慰和不适。正是意识到这种介乎两者的特点、文化范畴的持续偏离，以及它在旅游中物质的、历史的和情感的生活的表现方式，我们才发现旅游为什么重要的线索。简而言之，它能揭示这个世界的临时性、它与日常社会关系中的关联，以及对与他异性原则相关的更为丰富的、日常生活的愿景。

有些旅行很明显是出于自我发现和朝圣的目的，也许是为了逃避自我及其与资本的关系。有些旅行是日常消费形式的延续，是用来交换可支配收入的商品形式。在我们的旅行中，这种连续性和不连续性中的阈限，并不是脱离我们日常自我的仪式。相反，它们是参照又背离我们集体"日常性"的辩证法，并可能破坏我们与自我的关系。这些辩证法是生活在"中间性"（in-betweenness）的表现形式，它们可以包含自我发现的元素。这种自我发现把我们从默认的商品化形式和被视为理所当然的常规中解脱出来，而这种常规经常可以建构我们与其他人的关系。旅游不仅能促进相同和延续，也能带来差异和改变。

我们并不是说，旅游让我们看到需要放弃自我的另类的社会关系，这将是不辩证的，而且是不可能的。相反，另一种选择恰恰在于分享生活的辩证，也是和解的辩证。根据布鲁格曼（Brueggemann，1999：19）的说法，和解中有一套克服了"可怕的统一和麻烦的自主"的社会规则。我们所确定的跨文化旅游生活的各个方面的重要性在自我和他者的辩证之中，在两者的冲突之中。这种冲突为我们提供了必要的不稳定因素，提醒我们所做的选择和历史的力量。这种冲突与生活的不同时刻有关，在此时，我们变成克里斯蒂娃（Kristeva，1991）所说的"自己的陌生人"。这些是休息的时刻、睡觉的时刻、吃饭的时刻、洗漱的时刻和上厕所的时刻。我们需要生活在两者之间的冲突中，这种冲突在身份和自我主张以及放弃物质的辩证关系中成为现实。这是现代社会普遍存在的一种矛盾心理，王宁（Wang，2000）对此也有所描述。这种辩证表明，在旅游中，有一个重要的空间来审视社会关联和社会意义。我们前面提到自发的、思想上的和规范性的共睦态，正是它们"构筑"了我们的信仰和准则以及旅游生活中的实践，也是它们让旅游变得很重要。

在我们所讲的另类旅游故事和布鲁格曼所讨论的受契约束缚的"自我"之间，还存在第二个共鸣点。旅游不仅是通过他者对自我的挑战，也是对经济生活的一个基本原则的挑战。布鲁格曼认为，匮乏理论，即所谓的资本主义根基并能导致严重不道德做法的理论，可能受到另类故事和另类生活和交换的挑战。在我们的另类故事和共睦态的实例中，我们发现了"富足"的实践——有足够的时间、空间和知识——一起去旅游。我们互借食物、洗发水、时间、钢笔和希望，所有的人都很"富足"。在旅游生活的体制内，这些交换是有成效的、友好的、琐碎的、能做成的，即使它们在非旅游生活中并不能明显持续。布鲁格曼把这种富足，即生活中有足够物质的概念，说成是《旧约》中的一个关键信息。这是一个反复出现的关于慷慨的信息，也许《出埃及记》（"Exodus"，圣经中关于离开的一个词）这个故事是最好的例证。作为西方文化中神圣之旅的一个流传很久、很重要的故事，《出埃及记》为我们提供了一种人类学的视角来理解旅游。

根据布鲁格曼的说法，《出埃及记》这个故事不只是一个地理事件，还是"经济行为，一种富有想象力的行为"（Brueggemann，1999：113），目的是打破法老统治下的决定经济生活的匮乏理论。《出埃及记》所动摇的核心是恐惧和焦虑，而非严谨的经济分析的理论。它旨在颠覆一种思想，该思想把人类变成"占有欲的动因，在同样追求占有欲的其他所有人面前"（p.112），并以这种意识形态的主张来生活。根据布鲁格曼的解释，《出埃及记》代表了以色列想建立一个"生活和信仰的对立原则"，从底层开始，拒绝法老的假设、主张和说服（p.113）。这种对立的原则寻求一种特别的盟约，或是一种基于慷慨和富足的分享模式，而不是错误的、冷酷的匮乏理论。

另类的旅游故事提醒我们，社会和经济生活有可能依据一个富足而非匮乏的概念来组织。然而，我们应该明确地说，旅游经历并不仅是一种新兴的为跨文化交际提供基础的分享方式。这不是真的，当然，也不是辩证的。我们还发现了匮乏的实践，在其中空间是严密监控的、脚本化的，严格的规则阻碍了跨文化交际和其他实践。而且我们也应明确地说，在其他情况下，比如富裕的西方国家的游客到贫困地区，让旅游活动成为可能的"物质性的丰富"很少能促成游客和当地人之间有大量的交流。富足在这种情况下反而会导致限制和无知，这是另一种情况，也是其他研究的重点。

通过以上案例，我们认为，我们的研究已经确定了旅游的跨文化经历的辩证关系既是有限的又是丰富的。因此，这颠覆了上文提到的丰富和限制之间的关系。旅行包本身是一种物质和象征意义上的"限制"形式，证明它装了足够多的东西来维持旅行生活。它迫使我们提前做出决定，并限制我们的预期需求。但是，行李的这些限制，并没有造成基于匮乏的更多需求，反而成为一种富足的生活。因此，让人感到奇怪的是，限制可以创造富足。不必害怕限制；它完全能让人感到满足，如果我们认为它确实如此，那也应当如此设立限制。因此，我们可能会教导自己在限制中生活也有可能是一种富足的形式。

三、旅游很重要，因为它能给生活以启示

是或不是游客，这并非存在形式的一种简单区分。相反，它们以不同的程度共存。生活中阈限的、共睦态的维度总在我们掌握的范围内，它们是自发的、思想上的和规范的。这些维度有时很普通，有时很特别。旅游可以是这些存在方式的某一种，这些维度在其中汇聚，为习惯的重塑和身体适应新的惯例提供时间和空间。这种变化确实和休息一样好。旅游可以让我们的生活方式丰富多彩。

旅游之所以重要，是因为它能够让日常生活暂停，并让人想到它带来的无限可能。旅游作为一种世俗的实践告诉我们，并不一定要与众不同才能明显地改变分享生活和思考自我的方式。只需一点点绝非奢侈的变化，

我们就能看到自己在他人面前的弱点以及他们给我们的生活带来的富足。这些认识可以在共睦态的辩证关系中获得，它们需要被铭记，并能在回家时形成记忆。它们能让我们以不同的方式进行社会交往，并在这个资本越来越多但并非无处不在的时代提醒自己要通过努力去实现这些社会奇迹。这些奇迹将满足在分享生命的过程中既坚持自己也放弃自己的需求。这就是跨文化交际的启示，也是旅游何以重要的原因。

参考文献

Abram, D. (1997) *The Spell of the Sensuous: Perception and Language in a More-than-human World.* New York: Vintage.

Agar, M. (1994) *Language Shock: Understanding the Culture of Conversation.* New York: William Morrow.

Agar, M. (2000) *The Professional Stranger: An Informal Introduction to Ethnography.* London: Academic Press.

Alneng, V. (2002) The modern does not cater for natives: Travel ethnography and the conventions of form. *Tourist Studies* 2 (2), 119–142.

Anderson, B. (1991) *Imagined Communities: Reflections on the Origin and Spread of Nationalism.* London and New York: Verso.

Appadurai, A. (1986) *The Social Life of Things: Commodities in a Cultural Perspective.* Cambridge: Cambridge University Press.

Archer, M. (2000) *Being Human: The Problem of Agency.* Cambridge: Cambridge University Press.

Arranz, J.I.P. (2004) Two markets, two Scotlands? Gender and race in STB's 'othered' Scottishness. *Journal of Tourism and Cultural Change* 2 (1), 1–23.

Augé, M. (1995) *Non Places: Introduction to an Anthropology of Supermodernity.* London and New York: Verso.

Austin, J.L. (1975) *How to do Things with Words.* Cambridge, MA: Harvard University Press.

Barnett, R. (2000) *Realizing the University in an Age of Supercomplexity.* Buckingham: Open University Press.

Barnett, R. (2003) *Beyond all Reason: Living with Ideology in the University.* Buckingham: Open University Press.

Barthes, R. (1970) *S/Z.* Paris: Editions du Seuils.

Barthes, R. (1975) *S/Z.* London: Cape.

Barthes, R. (1977) *Image-Music-Text.* Glasgow: Fontana.

Bartlett, T. (2001) Use the road: The appropriacy of appropriation. *Language and Intercultural Communication* 1 (1), 21–40.

Baudrillard, J. (1993) *Symbolic Exchange and Death* (I.H. Grant, trans.). London: Sage.

Bauman, Z. (1996) From pilgrim to tourist – or a short history of identity. In S. Hall and P. du Gay (eds) *Questions of Cultural Identity* (pp. 18–36). London: Sage.

Bauman, Z. (1998) *Globalization: The Human Consequences.* Cambridge: Polity Press.

Bauman, Z. (2000) *Liquid Modernity.* Cambridge: Polity Press.

Bauman, Z. (2002) *Society under Siege.* Cambridge: Polity Press.

Bausinger, H. (1991) *Reisekultur. Von der Pilgerfahrt zum modernen Tourismus.* Munich: C.H. Beck.

Benjamin, W. (1973) *Illuminations.* London: Fontana.
Benjamin, W. (1982) *Das Passagen-Werk.* Frankfurt am Main: Suhrkamp.
Benjamin, W. (1999) *The Arcades Project.* Cambridge, MA: Belknat.
Bepler, J. (1994) The traveller-author and his role in seventeenth century German travel accounts. In Z. v. Martels (ed.) *Travel Fact and Travel Fiction: Studies on Fiction, Literary Tradition, Scholarly Discovery and Observation in Travel Writing* (pp. 183–193). Leiden: E.J. Brill.
Bohannan, P. (1955) Some principles of exchange and investment among the Tiv. *American Anthropologist* 57, 60–69.
Bohannan, P. (1959) The impact of money on an African subsistence economy. *The Journal of Economic History* 19 (4), 491–503.
Boorstin, D. (1961) *The Image: A Guide to Pseudo-events in America.* New York: Harper Row.
Bossy, J. (1984) *Christianity in the West, 1400–1700.* Oxford: Oxford University Press.
Bourdieu, P. (1984) *Distinction: A Social Critique of the Judgement of Taste.* London: Routledge.
Bourdieu, P. (2000) *Pascalian Meditations.* Cambridge: Polity Press.
Brewis, J. and Jack, G. (2005) Pushing speed? The marketing of fast and convenience food. *Consumption, Markets & Culture* 8 (1), 49–67.
Brougham, J.E. and Butler, R.W. (1975) *The Social and Cultural Impact of Tourism.* Department of Geography, University of Western Ontario.
Brueggemann, W. (1999) *The Covenanted Self: Explorations in Law and Covenant.* Minneapolis: Augsburg-Fortress.
Brueggemann, W. (2000) *Texts that Linger, Words that Explode.* Minneapolis, MN: Augsburg-Fortress.
Bryman, A. (1995) *Disney and his Worlds.* London: Routledge.
Buber, M. (1954) *Die Schriften über das dialogische Prinzip.* Verlag Lambert München: Schneider.
Buzard, J. (1993) *The Beaten Track: European Tourism, Literature and the Ways to Culture, 1800–1918.* Oxford: Clarendon.
Chaney, D. (1993) *Fictions of Collective Life: Public Drama in Late Modern Culture.* London: Routledge.
Clifford, J. (1988) *The Predicament of Culture: Twentieth Century Ethnography, Literature and Art.* Cambridge, MA: Harvard University Press.
Clifford, J. (1992) Travelling cultures. In L. Grossberg, C. Nelson and P. Treichler (eds) *Cultural Studies* (pp. 96–116). New York: Routledge.
Clifford, J. (1997) *Routes; Travel and Translation in the Late Twentieth Century.* Cambridge, MA: Harvard University Press.
Clifford, J. and Marcus, G.E. (ed.) (1986) *Writing Culture: The Poetics and Politics of Ethnography.* Berkeley and Los Angeles, CA: University of California Press.
Conquergood, D. (1991) Rethinking ethnography: Towards a critical cultural politics. *Communication Monographs* 58, 179–194.
Cooper, R. and Law, J. (1995) Organization: Distal and proximal views. *Research in the Sociology of Organizations* 13, 237–274.
Crick, M. (1996) Representations of international tourism in the social sciences: Sun, sex, sights, savings, and servility. In Y. Apostolopoulos (ed.) *The Sociology of Tourism* (pp. 15–50). London and New York: Routledge.

Cronin, M. (2000) *Across the Lines: Travel, Language and Translation.* Cork: Cork University Press.

Cunningham, V. (1994) *In the Reading Gaol: Postmodernity, Texts and History.* Oxford: Blackwell.

Dann, G. (1996) *The Language of Tourism: A Sociolinguistic Perspective.* Wallingford: CAB International.

Dant, T. (2000) Consumption caught in the cash nexus. *Sociology* 34 (4), 655–670.

Davies, A., Criper, C. and Howatt, A.P.R. (eds) (1984) *Interlanguage.* Edinburgh: Edinburgh University Press.

Davis, J. (1992) *Exchange.* Minneapolis: University of Minnesota Press.

de Certeau, M. (1984) *The Practice of Everyday Life.* Berkeley, CA: University of California Press.

Derrida, J. (1976) *Of Grammatology* (G.C. Spivak, trans.). Baltimore, MD: The Johns Hopkins University Press.

Desmond, J. (2003) *Consuming Behaviour.* Basingstoke: Palgrave.

Douglas, M. (1966) *Purity and Danger: An Analysis of the Concepts of Pollution and Taboo.* London and New York: Routledge.

Douglas, M. and Isherwood, B. (1978) *The World of Goods: Towards an Anthropology of Consumption.* London: Penguin.

du Gay, P. and Pryke, M. (2002) *Cultural Economy.* London: Sage.

Eagleton, T. (2000) *The Idea of Culture.* Oxford: Blackwell.

Edensor, T. (1998) *Tourists at the Taj: Performance and Meaning at a Symbolic Site.* London: Routledge.

Eriksen, T.H. (1995) *Small Places, Large Issues: An Introduction to Social and Cultural Anthropology.* London: Pluto Press.

Fabian, J. (1983) *Time and Other: How Anthropology Makes its Object.* New York: Columbia University Press.

Feifer, W. (1985) *Going Places.* London: Macmillan.

Ferguson, R. (2001) *George MacLeod: Founder of the Iona Community.* Glasgow: Wild Goose Publications.

Foucault, M. (1978) *The History of Sexuality. Volume One: An Introduction.* New York: Vintage Press.

Foucault, M. (1980) *Power/Knowledge.* New York: Pantheon Books.

Foucault, M. (1991) *Discipline and Punish: The Birth of the Prison.* London: Penguin.

Franklin, A. and Crang, M. (2001) The trouble with tourism and travel theory? *Tourist Studies* 1 (1), 5–22.

Fussell, P. (1980) *Abroad: British Literary Travelling Between the Wars.* Oxford: Oxford University Press.

Geertz, C. (1973) *The Interpretation of Cultures.* London: Fontana.

Glendenning, J. (1997) *The High Road: Romantic Tourism, Scotland, and Literature, 1720–1820.* London: Macmillan.

Graburn, N. (1978) Tourism: The sacred journey. In V. Smith (ed.) *Hosts and Guests: The Anthropology of Tourism* (pp. 17–31). Oxford: Blackwell.

Gregson, N. and Crewe, L. (1997) The bargain, the knowledge and the spectacle: Making sense of consumption in the space of the car boot sale. *Environment and Planning D: Society and Space* 15, 87–112.

Hall, S. and du Gay, P. (1996) *Questions of Cultural Identity.* London: Sage.

Hammersley, M. and Atkinson, P. (1983) *Ethnography: Principles in Practice.* London: Tavistock.

Ingold, T. (1993) The art of translation in a continuous world. In G. Pálsson (ed.) *Beyond Boundaries: Understanding, Translation and Anthropological Discourse* (pp. 210–230). Oxford: Berg.

Ingold, T. (ed.) (1994) *Encyclopedia of Anthropology: Humanity, Culture, Social Life.* London and New York: Routledge.

Ingold, T. (2000) *The Perception of the Environment: Essays in Livelihood, Dwelling and Skill.* London and New York: Routledge.

Jackson, P., Lowe, M., Miller, D. and Mort, F. (eds) (2000) *Commercial Cultures.* Oxford: Berg.

Jaworski, A., Ylänne-McEwen, V., Thurlow, C. and Lawson, S. (2003) Social roles and negotiation of status in host–tourist interaction: A view from British television holiday programmes. *Journal of Sociolinguistics* 7, 135–163.

Keesing, R.M. (1994) Radical cultural difference: Anthropology's myth? In M. Puetz (ed.) *Language Contact and Language Conflict* (pp. 3–24). Amsterdam and Philadelphia, PA: John Benjamins.

Kirschenblatt-Gimblett, B. (1998) *Destination Culture: Tourism, Museums and Heritage.* Berkeley, CA: University of California Press.

Kopytoff, I. (1986) The cultural biography of things: Commodization as process. In A. Appadurai (ed.) *The Social Life of Things: Commodities in a Cultural Perspective* (pp. 64–94). Cambridge: Cambridge University Press.

Koshar, R. (2000) *German Travel Cultures.* Oxford and New York: Berg.

Krippendorff, K. (1994) A recursive theory of communication. In D. Crowley and D. Mitchell (eds) *Communication Theory Today* (pp. 78–104). Cambridge: Polity Press.

Kristeva, J. (1991) *Strangers to Ourselves.* New York: Columbia University Press.

Lévi-Strauss, C. (1962) *La pensée sauvage.* Paris: Plon.

Lury, C. (1996) *Consumer Culture.* Cambridge: Polity Press.

Lury, C. (1997) The objects of travel. In C. Rojek and J. Urry (eds) *Touring Cultures: Transformations of Travel and Theory* (pp. 75–95). London and New York: Routledge.

Lyon, P. and Colquhoun, A. (1999) Selectively living in the past: Nostalgia and lifestyle. *Journal of Consumer Studies and Home Economics* 23, 191–196.

Lyon, P., Colquhoun, A., Kinney, D. and Murphy, P. (2000) Time travel: Escape from the late 20th century. *Jaargang* 18, 13–24.

MacCannell, D. (1976) *The Tourist: A New Theory of the Leisure Class.* New York: Schocken Books.

Macdonald, S. (1997) *Reimagining Culture: Histories, Identities and the Gaelic Renaissance.* Oxford and New York: Berg.

Malinowski, B. (1922) *Argonauts of the Western Pacific.* New York: Dutton.

Marcus, G.E. (1998) *Ethnography Through Thick and Thin.* Princeton, NJ: Princeton University Press.

Marx, K. (1859/1971) *A Contribution to the Critique of Political Economy* (S.W. Ryazanskaya, trans.). London: Lawrence & Wishart.

Mauss, M. (1990) *The Gift: The Form and Reason for Exchange in Archaic Societies.* New York and London: Routledge.

May, T. (1998) Reflections and reflexivity. In T. May and M. Williams (eds) *Knowing the Social World* (pp. 157–177). Buckingham: Open University Press.

May, T. and Williams, M. (1998) *Knowing the Social World.* Buckingham: Open University Press.

Mcfague, S. (1975) *Speaking in Parables: A Study in Metaphor and Theology.* London: SCM Press.

McGregor, A. (2000) Dynamic texts and tourist gaze: Death, bones and buffalo. *Annals of Tourism Research* 27 (1), 27–50.

Meethan, K. (2001) *Tourism in Global Society: Place, Consumption, Culture.* Basingstoke: Palgrave.

Merleau-Ponty, M. (2002) *Phenomenology of Perception.* London and New York: Routledge.

Miller, D. (1999) *Modernity, an Ethnographic Approach: Dualism and Mass Consumption in Trinidad.* Oxford: Berg.

Miller, D. (2000) Introduction: The birth of value. In P. Jackson, M. Lowe, D. Miller and F. Mort (eds) *Commercial Cultures* (pp. 77–83). Oxford: Berg.

Okri, B. (1996) *Birds Of Heaven.* London: Phoenix House.

Okri, B. (1997) *A Way of Being Free.* London: Phoenix House.

Olsen, K. (2002) Authenticity as a concept in tourism research: The social organization of the experience of authenticity. *Tourist Studies* 2 (2), 159–182.

Parker, M. (2002) *Against Management.* Oxford: Blackwell.

Parry, J. and Bloch, M. (eds) (1989) *Money and the Morality of Exchange.* Cambridge: Cambridge University Press.

Pi-Sunyer, O. (1978) Through native eyes. Tourists and tourism in a Catalan maritime community. In V. Smith (ed.) *Hosts and Guests: The Anthropology of Tourism* (pp. 148–155). Oxford: Blackwell.

Read, A. (1993) *Theatre and Everyday Life: An Ethics of Performance.* London: Routledge.

Reid, I. (1992) *Narrative Exchanges.* London and New York: Routledge.

Richards, G. and Wilson, J. (2004) *The Global Nomad.* Clevedon: Channel View.

Ricoeur, P. (1984) *Time and Narrative.* Chicago, IL: University of Chicago Press.

Ritzer, G. (1996) *The McDonaldization of Society: An Investigation into the Changing Character of Contemporary Social Life* (revised edn). Thousand Oaks, CA: Forge Pine Press/Sage.

Ritzer, G. (1997) *McDonaldization: Explorations and Extensions.* London: Sage.

Ritzer, G. and Liska, A. (1997) 'McDisneyization' and 'post-tourism': Complementary perspectives on contemporary tourism. In C. Rojek and J. Urry (eds) *Touring Cultures: Transformations of Travel and Theory* (pp. 96–112). London and New York: Routledge.

Robinson, M. and Andersen, H.C. (2002) *Literature and Tourism.* London: Continuum.

Rojek, C. (1993) *Ways of Escape.* London: Macmillan.

Rose, D. (1990) *Living the Ethnographic Life.* London: Sage.

Sahlins, M. (1972) *Stone Age Economics.* Chicago, IL: Aldine.

Schechner, R. (1982) Collective reflexivity: Restoration of behavior. In J. Ruby (ed.) *A Crack in the Mirror: Reflexive Perspectives in Anthropology* (pp. 39–81). Philadelphia, PA: University of Pennsylvania Press.

Schiffer, M.B. and Miller, A.R. (1999) *The Material Life of Human Beings: Artifacts, Behavior and Communication.* London: Routledge.

Scott, J. (1990) *Domination and the Arts of Resistance: Hidden Transcripts.* New Haven, CT: Yale University Press.

Simms, K. (2003) *Paul Ricoeur.* London: Routledge.

Smith, V. (ed.) (1997) *Hosts and Guests.* Oxford: Blackwell.

Stagl, J. (1980) Die Apodemik oder 'Reisekunst' als Methodik der Sozialforschung vom Humanismus bis zur Aufklärung. In M.J. Rassem and J. Stagl (eds) *Statistik und Staatbeschreibung in der Neuzeit* (pp. 131–202). Paderborn: F. Schöningh.

Turner, V. (1982) *From Ritual to Theatre: The Human Seriousness of Play.* New York: PAJ Publications.

Turner, V. and Turner, E. (1978) *Image and Pilgrimage in Christian Culture; Anthropological Perspectives.* Thousand Oaks, CA: Pine Forge Press/Sage.

Urry, J. (1990) *The Tourist Gaze: Leisure and Travel in Contemporary Societies.* London: Sage.

Venuti, L. (1995) *The Translator's Invisibility: A History of Translation.* London and New York: Routledge.

Wang, N. (1999) Rethinking authenticity in tourism experience. *Annals of Tourism Research* 26 (2), 349–370.

Wang, N. (2000) *Tourism and Modernity: A Sociological Analysis.* Oxford: Pergamon.

Weber, M. (1978) *Economy and Society.* New Jersey: Bedminster Press.

Wierlacher, A. (ed.) (1993) *Kulturthema Fremdheit: Leitbegriffe und Problemfelder kulturwissenschaftlicher Fremdheitsforschung.* Munich: Iudicium.

Wilk, R. (1995) Learning to be local in Belize: Global systems of common difference. In D. Miller (ed.) *Worlds Apart: Modernity through the Prism of the Local* (pp. 110–133). London: Routledge.

Williams, R. (1977) *Marxism and Literature.* Oxford: Oxford University Press.

Williams, R. (2000) *Lost Icons: Reflections on Cultural Bereavement.* London and New York: T&T Clark.

译后记

　　一转眼，本书译稿交付并校对完成已大半年有余，在编辑的不断催促下，我们开始动笔写译后记。之所以一直迟迟未动笔，是因为本书是我们两位译者从事学术翻译工作以来遇到挑战和疑惑较多的一部著作。初次接触此书时，我们首先被它的名字"Tourism and Intercultural Exchange — Why Tourism Matters"所吸引，在旅游学院从教同时从事跨文化交际研究的我们对这本书的翻译产生了浓厚的兴趣，并愉快地接受了翻译任务。但动笔后，我们便越来越发现它更是研究者在对旅游与文化进行深度体验和思考之后，以其独特的人类学视角对旅游的本质进行探索，并同时对传统旅游研究中有关旅游本质的论点进行批判性反思的一部旅游人类学著作。

　　人类学研究在西方起源由来已久，并且有着庞大的分支和流派，但人类学者涉足旅游研究也就是近几十年的事，旅游人类学研究在中国起步则更晚。这也是译者初次接触旅游人类学的著作翻译，在感受其独特的学术视角和研究范式所带来的"意外收获"之时，也为某些词语的翻译表达颇费周折。为此我们查阅了大量资料并与相关学者进行咨询探讨，以期找出能够最准确表达原著含义的译文。仅仅以书名中的"exchange"一词的翻译为例，它在书中所涉及的含义，常常是中文的"交流""交际"乃至"交换"所不能完全涵盖的。所以就像以往翻译其他书籍一样，本书的翻译过程也是译者学习、探索和交流的过程。不管怎样，翻译的任务最终还是如愿完成，译文的对错优劣只能交由读者去评判了。

　　本书两位译者均在海南大学工作，从事旅游相关教学与研究多年，出版有《旅游目的地竞争力》《饭店业战略管理》等译著。本书中，王琳主要负责第 1—3 章、题词、致谢、封底书评等内容的翻译和全书的统稿工作，匡晓文主要负责第 4—11 章的翻译和全书的校对工作。

　　本书得以出版还要特别感谢商务印书馆的编辑同志。参与书稿整理的还有海南大学外国语言学及应用语言学硕士点的部分同学，这里一并深谢过。

译　者

2019 年 6 月于海口

图书在版编目(CIP)数据

旅游与跨文化交际：旅游何以如此重要 /（英）加
文·杰克，（英）艾利森·菲普斯著；王琳，匡晓文译
. — 北京：商务印书馆，2019
（当代旅游研究译丛）
ISBN 978-7-100-17748-1

Ⅰ. ①旅… Ⅱ. ①加… ②艾… ③王… ④匡… Ⅲ.
①旅游－文化交流－研究 Ⅳ. ① F590-05

中国版本图书馆 CIP 数据核字（2019）第 170049 号

旅游与跨文化交际：旅游何以如此重要

〔英〕加文·杰克
　　　　　　　　　　　著
〔英〕艾利森·菲普斯

王　琳　匡晓文　译

商 务 印 书 馆 出 版
（北京王府井大街 36 号 邮政编码 100710）
商 务 印 书 馆 发 行
艺堂印刷（天津）有限公司印刷
ISBN　978-7-100-17748-1

2019 年 12 月第 1 版　　　　开本 787×1092　1/16
2019 年 12 月第 1 次印刷　　印张 12½
定价：38.00 元